自治体経営の
政策転換
〔実践事例集〕

長瀬 光市・著

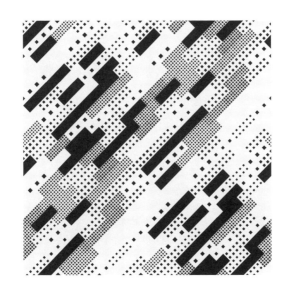

公人の友社

はじめに

　今から24年前の1999年7月、地方分権改革一括法が成立し、2000年4月に施行された。法の目的は、「中央集権的な行政のあり方を見直し、国から地方へ権限や財源の移譲を進める」ことであった。

　その間に、地方分権の推進を図るため、関係法律の整備などに関する法律が同時に成立し、地方自治法など475件の法律を一括改正した。

　国と自治体の関係が「対等・協力」の関係へと新ためられたのである。そして、本来、国がすべきだが自治体に任せていた機関委任事務を廃止し、自治体が自主的に行う「自治事務」と自治体が国から引き受ける「法定受託事務」に改正された。

　一方で、基礎自治体（市町村）に求めれるべきことは、住民に最も身近かで基礎的な市町村の自治権を拡充し、これを生活者の視点に立って、地域からの発想に依拠し、複雑化、多様化する諸課題に挑戦することであった。その手法は、画一的な方法で解くのではなく、それぞれの地域構造や地域特性、地域の実情に応じた独自の手法を駆使し、柔軟な対応を図っていくことが地方分権改革の本旨といえる。

　地方分権改革と平行して、行財政基盤強化を旗印に、国主導による平成の大合併が進められ、町村の多くが合併により一般市へ移行し、人口1万人未満の小規模な市町村が減少した。

　人口減少、低成長時代に入り、従来は効果的・効率的と考えられていた自治体運営の方法では、全くうまくいかないことが明らかになった。まさに、拡大成長時代から縮小時代へとパラダイム転換したのだ。

　筆者は大学で、「自治体経営」や「地域づくり」の教鞭をとるかたわら、全国の市町村の招きにより、政策アドバイザーとして、長きにわたり北海道から九州に至る、15市町村の現場に係わってきた。縮小時代の「新しい自治体経営のあり方（地域経営と行政経営）」を目指し、首長や職員らとの議

論を通じて、課題を炙り出し、それを解決する「政策」づくりに対する助言や指導に携わってきた。つまり、「新しい自治体経営あり方」を実現するため、自治体経営の政策はどう変えるか、首長や職員らと議論し、「政策」選択のお手伝いをしてきた。

　本書は、筆者が係わってきた自治体の中から、「自治体経営の政策はどう変えるか」をテーマに、平成の大合併を行った自治体、独自の道を選択した自治体、離島の自治体、中山間地域を抱える自治体、地方の中核自治体、東京圏郊外自治体の10市町村を選定した。

　その自治体は、地方の「村」「町」が目指した自治体経営政策選択の実践として、岩手県滝沢村（現滝沢市）、福岡県大木町、北海道東川町、岩手県金ケ崎町。

　地方の「市」が目指した自治体政策選択の実践として、熊本県天草市、宮城県栗原市、三重県鈴鹿市、富山県氷見市。

　東京圏50キロに位置する「市」が目指した自治体政策選択の実践として、神奈川県藤沢市、千葉県市原市を選定した。

　そして、各々の自治体が「目指した政策選択とは何か」「どのように変革させたのか」の観点から、できる限り、現場のドロドロした葛藤が伝わるよう「職員の意識変革」「行政経営システムの構築」「政策の選択と財政健全化」「住民自治と地域内分権」などの切り口から、検証を行い「どのような成果が生まれ、達成されたか」あるいは、「どのような課題が新たに生まれか」について論じたものである。

　本書は、こういった切り口から、自治体経営のあり方について、筆者が関与してきた実践事例のもと、「自治体経営の政策はどう変えるか」、そのポイントを解説したものである。多くの自治体で、新たな自治体経営のあり方に向けた、様々な挑戦において、参考になれば幸いである。

2023年8月　　長瀬　光市

目　次

第 1 章
縮小時代の自治体経営改革

第1節　既成概念を乗り越える時代

1　パラダイム転換

拡大成長時代の政策

　日本全体が、高度経済成長からバブル時代は、時代の流れに乗り、全国一律の政策を実行してさえすれば、地域の問題は解決し、自治体運営ができた時代であった。

　この時代は「量を増やす」こと、"More is better" が世の中の行動規範であった。「よそとの違うのはよくない」との均質化の発想が支配的で、よそとの違いは是正すべき課題と捉えられていた。

　都市のあり方でも、自都市の良いところを見るよりも、悪いところを正す、先進自治体のように発展できる水準に追いつくことが重視されてきた。結果として、フルセット主義による公共サービスを実現し、駅前の風景はどこの都市でも同じような表情を持つまちが出現し、都市の個性や独自性が捨て去られ、その行き着く先は「ナンバーワン都市」である東京の発展を真似る、追いつくという発想であった。

縮小時代の政策

　地方分権一括法が 1999 年に成立し、機関委任事務が廃止され、中央政府と地方政府は「対等・協力」の関係になった。分権改革の潮流は、1993 年の衆参両院での「地方分権の推進に関する決議」を契機として、日本型分権

改革がはじまり、深刻な財政危機と「国から地方へ」「官から民へ」の流れの中で、地方分権一括法、三位一体改革、地方分権改革推進法などを制定し、推進された。地方分権改革は、決して充分とはいえないが、改革の大枠はつくられた。

　地方分権とは国が持つ政治面における決定権や財源、条例制定権などを地方公共団体に移し、「地方の課題は地方で処理する」という体制を構築することであった。改正地方自治法第1条の1第2項で国と地方の関係を明記している。

　「国の役割を国際社会における国家の諸活動、地方自治に関する基本的な事務や全国的な規模、視点に立って行わなければならない施策・事務の実施」などを重点的に担い、「住民に身近な行政はできる限り地方公共団体に委ねることを基本とし、地方公共団体との間で適切に役割を分担する」としている。

　その間に、地方分権改革と前後し、国主導による「自治体財政の健全化を図る」ことを目標に、平成の大合併の嵐が吹き荒れた。国は、市町村の行財政基盤強化と行政効率化を目的に、政策の「アメとムチ」を使いわけ、合併特例債や合併算定替をはじめとする各種支援策（アメ）を講じて、総力をあげて合併を推進した。他方、同時期に地方交付税など地方の税財源の削減（ムチ）により、小規模自治体を合併へと追い込んでいった。その結果、3,300市町村は、2022年1月現在で1,724市町村まで減少した。

パラダイム転換

　その後、「失われた20年」の中で、従来は効果的・効率的だと考えられてきた自治体運営の方法では、全くうまくいかないことが明らかになった。すなわち、地方自治体が対応すべき社会課題や住民ニーズは、今後ますます多様化、複雑化することが見込まれ、新たな行政課題に対し、迅速かつ的確な政策形成と効果的な政策展開を推進することが求められるからである。

　こうした状況に対し、分権型社会における自治体経営の刷新と地域の持続

的な発展を可能とするには、地域の多様な主体と行政が連携・協働しながら、行財政運営の効率化と質の向上を図る「改革と変革」が実践できるかどうかにかかっている。

　その方向として、組織のイノベーションを起すには、縦割り組織の指揮系統による総合性と柔軟性に欠ける組織体質、補助金を確保した上で政策・施策を実施する補助金優先主義、政策は未来を予測することからはじまるが、現実は迅速に苦情に対応する対症療法的行政の実態、未来課題に対する先送り主義、なにごとにも前例踏襲主義の組織体質など、既成概念を打破する改革・改善を実行し、矛盾する課題に挑戦することが求められている。

　一方、地域の多様な主体と連携を強化するには、快適で安心な暮らしを営むことが可能な地域社会を形成する必要がある。そして、地域の多様な主体とネットワーク化した上で、それぞれの強みが活かされ、弱みが補われ、住民ニーズに応えるサービスの提供や地域課題を解決する新たな取組みが必要である。

2　既成概念を乗り越える

「出ずるを制して、入るを量る」手法の限界

　拡大成長時代から縮小時代へパラダイム転換し、これからの時代は、生産年齢人口の減少や景気低迷による税収の減少、人口や社会構造の変化による社会保障費の増加、社会インフラ劣化への再投資の必要性などから財政は慢性的に逼迫する一方、多様化・複雑化す住民ニーズにも対応するという、矛盾する課題に挑戦することが自治体に求められている。

　自治体の未来にとって「地域の持続可能性と自治体経営の自立」を目指す上で、最大の不安材料は「財政問題」である。2021 年度末の国の債務残高は 1,019 兆円、地方の債務残高は 193 兆円、国と地方を併せた債務残高が

1,192 兆円である。

　国は相変わらず新たな借金が多く、地方は借金を返す額が多くなっている。特に、中央政府の政策により「経済対策」「少子化対策」と称して、積極的な財政を展開することで、地方政府の財政運営が左右されている。増えていく扶助費（民生費・教育費）、老朽化する社会インフラの再投資（土木費）を、どの部分の予算で補うのかというのが当面の財政課題となる。

　自治体は、財政運営にあたり「出ずるを制して、入るを量る」手法により、長期にわたり財政規律が働かない状態のもと、歳入不足を財政調整基金で穴埋めする手法を採用してきたが、その財政調整基金がコロナ禍の財政支出などで、底をつきはじめている。

「入るを量りて、出ずるを制す」手法への転換

　縮小時代は、これまでの時代と異なり、これからの目指す姿は、「地域社会の持続性と自治体の自立」である。そのためには「自治体経営（行政経営と地域経営）改革」が求められる。

　これまでのような全国一律の政策では実現できない。地域資源に依拠した、地域の実情に沿った、独自の政策や手法を駆使しなければ、成功はおぼつかない。既成概念を乗り越える「個性と独自性」を発揮した、試行錯誤を繰り返すことで、「よそと同じはまずい」行動規範が必要となる。

　本来、自治体の使命は住民の生活の場を維持するセーフティネットを目指すことである。そのためには、安心して幸せに暮らす地域社会づくりのため、それを妨げる障害物を取り払い、克服していくのが政策である。最大の問題は、中央政府から「余計な仕事や責任」を強要されているところにある。

　その行動規範は、財政規律のもと日常的な活動から改善、改革し続ける、組織体質をつくる「生産性改革」である。自治体経営マネジメントとは、限られた資源を最大限に活用して、持続的に生産性を向上させることである。そして、「生産性」とは、インプットから生み出す成果（アウトカム）をできるだけ増やしていくことである。

3　競争でなく連携の時代

　拡大成長時代のように、経済が高い経済成長率で拡大しているときは、財政支出や投資といった「資源投入（インプット）」を多く行うことで、社会課題を解決に導くことが可能であった。

　一方、縮小時代になると、肥大化した資源投入量（財政支出や事務事業費、人件費）を削減することや不足する財源を財政調整基金で補うことが限界となり、資源投入量を少なくしながら活動を提供する「効率化」「合理化」の観点からの改革が行われてきた。

　現在は、更に厳しい状況下におかれている。国の地方交付税や国庫支出金は近年、減少傾向となっている。そして、長期にわたる経済低迷や生産年齢人口の減少による影響から、税収は減少する局面にある。すでに、財政支出を抑えることや効率化を追求する改革は繰り返し実施されてきているが、なかなか成果を上げることが厳しいのが実情である。

　例えば、行政のスリム化や無駄を省く、従来からの行財政改革では、基本的に最終的な産物である行政サービスの質・量は削減することなく、行政組織の統合・再編や公務員の定数の削減によるスリム化、効率化を目指してきた。そして、小さな組織、少ない公務員でそれまでと同様のサービスを供給できることを前提としてきたが、それには限界があり、効果も限られる。現状は多様化する住民ニーズ、国からの業務の増加により相対的に事務量が増加し、結果として臨時・非正規雇用者を専門分野で登用し、その場をしのいできたが、もはや限界にきている。

　このような状況下で、求められる自治体経営改革の方向性は、次のようなことが考えられる。

　①日常的な活動から改善し続ける組織体質をつくる「生産性改革」である。

つまり、行政内部の合理化と組織の生産性向上である。

②個々の自治体が行政のフルセット主義から脱却して、複数の市町村が連携し、行政区域にとらわれない、広域な範囲でのサービス供給を図ることである。そして、自治体が単独で周辺の地域と競争するのでなく、地域間のネットワークでつながることで、これまでにない新たな価値を地域で創造する関係を構築する。

③他の自治体との勝者なき競争から脱却して、地域資源を活用し、地域の実情に沿った独自の手法を駆使した政策に磨きをかけることである。

自治体における生産性では、「資源をどれだけ使うか（インプット）」に着目するだけでなく、「成果として何が実現されたか（アウトカム）」を重視することになる。

自治体は、限られたインプットをもとに、創意工夫と試行錯誤を繰り返し、出来るだけ多くのアウトカムを生みだすことで、地域資源に立脚した「よそと同じでない」、他の市町村との差違化により、自都市の魅力を発揮することである。

第2節　地方分権の危機

1　地方分権改革気運の低下

　1993年に衆参両院が「東京への一極集中を排除する」と決議を契機に、地方分権改革の取り組みが本格化した。分権化を巡る理論の中で注目すべきことは、生活者の視点に立つ「地方政府」の必要性を示していることである。地方分権改革推進委員会が第一次勧告において「地方自治体を地方政府と呼ぶにふさわしい存在に高めていくためには、何よりもまず、住民の最も身近で基礎的な自治体である市町村の自治権を拡充し、これを生活者の視点にたって『地方政府』に近づけていくことが求めれる」と記されている。

　自治体規模の大小を問わず、基礎自治体は、住民に最も身近な存在である。そして、公共サービス供給を最前線で提供しているのが市町村である。自治体の政策形成にとって重要なことは、日常生活で接している職員が、現場において住民の生活実態や消費者の気づき、声なき声を政策に反映させているかどうかである。

　分権改革の真の狙いは、自治体が国の全国一律の政策では対応できない、地域の実情や住民の意向に沿った政策を生み出すことである。また、国に集中している権限や財源を地方に移すことで、決して十分とはいえないが、徐々に成果を上げてきたが、ここ数年、国と自治体間や国政において、分権改革を主要な争点に掲げる政党は限られ、改革は停滞気味となっている。

　国と自治体には、それぞれに地方分権への思いがあると思う。分権改革を

前に進めるために、上下関係ではなく、国と自治体は「対等・協力」の関係と歌い上げた、分権改革の意義を踏まえ、役割を分担しながら住民に身近な行政を進める観点で、不断の話し合いを続ける必要がある。

国には、権限移譲で住民の要望を反映したサービスに変えられるのに自治体には実例が限られているとの意見がある。他方、自治体は、住民の生活実態や消費者の気づきの政策づくりへの反映が必ずしも充分でないことや、自治体経営の実行力も問われていることを忘れてはならない。

2　計画のインフレ状態

自治体は、様々な「計画」に基づき活動をしている。人口 75,000 人未満の自治体では、地域特性や過去の経緯などに応じて、若干の違いはあるものの、法律や条例などに基づく約 20 ～ 30 の個別計画（慶應義塾大学玉雅敏研究室 2013 年度調査）を有している。その大半は法律に基づき、市町村の場合は、義務的な計画が 49％あり、任意的な計画は 40％ある。そして、「策定できる」と規定されている計画については、市町村が計画を策定した場合に、国が補助金を支出することを条件としての意味合いがある。

今井照氏（『自治体の未来はこう変わる』学陽書房、2018 年）は、近年、国が自治体に策定を求めている計画が増加している。調査によると現在の法律の中で、238 の計画数（暫定数）が市町村に求められている。その中には法律だけでなく、国からの一通の通知文だけで市町村に計画の策定が求められているものや、この他に多く存在し「計画のインフレ」状態を招いていると指摘している。

つまり、「補助金が欲しければ計画をつくりなさい」との指示が、単に事務量を増やことになり、断り切れない自治体は、頭を悩ませているのである。先に述べたように、自治体は様々な計画を策定して、それに基づいて行政を

執行することは、自治体経営として大事なことである。しかし、「計画のイ
ンフレ」状態は、本来あるべき姿と、異なる方向に向かっている。国が自治
体を統制する手段として、「計画」と「補助金」をセットで、用いているこ
とが、分権改革の意義と異なる方向に進んでいることが問題なのである。こ
のような、「計画のインフレ状態」が自治体に蔓延しているのである。

　例えば、2014 年に国策として「まち・ひと・しごと創生法」により、自
治体が地方総合版戦略を策定することを法律で定められている。法文からこ
の計画は、国や都道府県の「計画」を勘案し、策定することになっている。
市町村が地域の実情に沿った独自の手法を駆使して、自発的に策定するので
なく、国や都道府県に沿うようにつくる仕組みである。そして、2000 年の
分権改革以降、このような国法のスタイル（メニュー方式、標準方式）が増
加傾向にある。

　最近、分権改革の課題を象徴する出来事があった。

　地方分権改革の提案募集に基づき、自治体や全国知事会などが行政計画作
成の廃止を求める 16 件の要望を提出したところ、所管官庁が、1 次回答で
全て拒否したことである。

　このような状況を踏まえ、市長会が 2022 年度重点要望として「真の分権
型社会の実現に向けた 都市自治の確立等に関する重点提言」を政府に提出
した。

　次のように「重点提言」の概要を紹介しておく。

　都市自治体を重視した真の分権型社会を実現するため、国は、特に次の事
項について積極的かつ適切な措置を講じられたい。

①地方自治に影響を及ぼす国の政策の企画・立案、実施に際しては、「国
　と地方の協議の場」において、国と地方が真に対等・協力のもとに十
　分協議し、地方からの意見を制度設計等に的確に反映すること。 また、
　国はあらかじめ十分な時間的余裕をもって提案を行うとともに、具体的
　な事項の協議に当たっては、国と地方とが真に実効ある協議を行うため、
　分科会や各府省と地方との協議等の積極的な活用を図るなど、多様な地

方からの意見を反映できるようにすること。

②提案募集方式については、都市自治体等からの積極的な提案を真摯に受け止め、地方の発意を活かした分権型社会の実現に向けた改革を積極的に推進すること。特に、福祉施設等における「従うべき基準」の廃止・参酌化など義務付け・枠付けの見直しを図ること。また、都市自治体の計画策定等について、策定を義務付けず、「努力規定」や「できる規定」としていても財政支援等の要件としているなど、都市自治体としては計画を策定せざるを得ないケースも多く、都市自治体が進める主体的な取組を阻害していることから、計画策定等を規定する法令等の見直しを進めることなどを、国に提言した。

　このように国と自治体との分権改革を巡る議論のさなか、国は、経済財政運営と改革の「骨太の方針 2022」で、国と地方の新たな役割分担の必要性をうたっている。

　次のように「骨太の方針 2022」の概要を紹介しておく。

①総務省は、地方制度調査会における調査審議を踏まえ、将来の地域住民サービスの在り方を見据え、国・地方間、東京圏等の大都市圏を含む地方自治体間の役割分担や連携の在り方を明確化する観点から、法整備を視野に入れつつ検討を進める。

②国が地方自治体に対し、法令上新たな計画等の策定の義務付け・枠付けを定める場合には、累次の勧告等に基づき、必要最小限のものとすることに加え、努力義務やできる規定、通知等によるものについても、地方の自主性及び自立性を確保する観点からできる限り新設しないようにするとともに、真に必要な場合でも、計画等の内容や手続は、各団体の判断にできる限り委ねることを原則とする。

③計画等は、特段の支障がない限り、策定済みの計画等との統合や他団体との共同策定を可能とすることを原則とする。

④新型コロナウイルス感染症対応として行われた国から地方への財政移転について、事業実施計画や決算等を踏まえて、その内容と成果の見える

　化を実施した上で、成果と課題の検証を進めるとともに、感染収束後、
　早期に地方財政の歳出構造を平時に戻すことが記されている。
　更に、2023 年 6 月の地方制度調査専門小委員会に提出された事務局資料
では、「非平時」に際して自治体への関与を強める一般ルールを法制化する
動きがある。分権改革から 20 余年が過ぎ、地方自治体は、国の中央主権的
な動向に注視し、地方から分権改革の更なる声を挙げ、分権型社会を目指し
て自治体経営の姿を実践していくことが、分権改革を定着させていくことに
つながる。国は、分権改革の意義を尊重して、中央官僚が既得権に安住する
ことのないよう、分権改革の姿を明示する必要がある。

第3節　自治体の現場で何が起こっているのか

1　政策実践としての自治体経営

条例政策確立の遅れ

　先に述べたように、2000年の地方分権改革により、国と自治体は「対等・協力」の関係へ改められ、国法に対しても、自治体に一定の解釈権が認められ、法令と競合する分野でも、独自に条例を制定することの可能性が高まった。

　分権改革直後は、自治体の最高規範として、自治基本条例や議会のあり方を定めた議会基本条例の制定、住民自治・住民の自立を促進する前提となる情報公開条例の制定、政策形成過程の透明化を図るパブリックコメント条例制定など、条例を活用して地域課題を解決し、まちづくりを推進する取組みが行われてきた。

　しかし、地域固有のルールを活用し、自治体改革に積極的な自治体でも、「条例政策」を真正面から取り組んでいる例は意外と少ない。特に、個別の課題に対応するため、地域資源を活用して、自治体の個性や独自性を発揮して、まちづくりを推進する、特徴のある条例を制定するという動きは全国的に少ない傾向にある。

　例えば、2011年地方自治法改正により、市町村の「基本構想策定義務」が廃止された。「総合計画」を持つ、持たないという選択も含め、新しい自治体経営や政策推進方策のあり方が自治体に任された。

　「総合計画実態調査」（日本生産性本部と慶應義塾大学玉村雅敏研究室共同調査、

2016年9月）によると、「総合計画に関する今後のあり方について」の質問に対し、「今後も総合計画は策定する予定である」91.1％、「今後総合計画は策定しない」0.7％、「今後は総合計画を策定するかどうかわからない」7.8％、「未回答」0.4％であった。

　次に「総合計画の根拠規定の有無」の質問に対し、「自治基本条例」18.0％、「総合計画条例」12.8％、「議決すべき事件を定める条例（議会）」34.1％、「その他の条例」6.4％、「根拠規定はない」22.3％、「未回答」1.3％であった。

　この調査結果から、自治体政策の最上位の計画である総合計画の「根拠規定がない」「議決すべき事件を定める条例（議会）」合わせて、56.4％の市町村で、条例に基づく根拠規定が存在せず、計画を策定している実態が明らかになった。

　特に、議会が定めた「議決すべき事件を定める条例」は、行政が総合計画を策定するか否か定めたものではないので、策定しなければ、議決対象にならいという、間違った法解釈が一般化しているのである。

　分権時代の自治体は、政策目的に応じて条例、契約等の法的手段を駆使することが重要となる。また、住民訴訟など、行政の根幹に関わる事案が争われることから、政策法務は、単なる法の執行にとどまらず、政策目的実現のために、立法・解釈運用・訴訟というあらゆる場面において、主体的、積極的な取組みが必要になっている。

　政策法務における組織上の課題として、自治体では、国の指針や準則に従って条例を制定してきた歴史が長いため、体制整備の前提となる職員の意識改革や人材育成に、相当の努力を要する。特に、小規模自治体で、職員を政策法務事務のために専門特化させにくいことなど、様々な課題が指摘されている。

　その課題解決方策として、次のようなことが考えられる。

①地方分権に対応した、条例の立案や法令等の正しい解釈・運用がでるよう、所管課の職員の法務能力の向上を図ること。

②条例等の立案・運用において、より多くの職員が政策的判断と立法技術

の両面から対応できるよう、体系的かつ継続的な研修体制の整備が必要であること。

③専門的知識をもった指導者が少ないうえに、そのような職員を養成するため、広域連携により研修機関を充実させること。

④庁内の連携体制強化として、独自の政策・施策に付随する条例の整備を図るため、法務部門が政策の立案の段階から参画していく必要があること。

⑤企画部門と法務部門とを融合させ、専門的な担当部署や、担当課を含めた横断的な組織づくりをどのように進めていくかが課題となること。

　重要なことは、各々の自治体で条例を活用して、まちづくりを進めていくという方向性を明確に打ち出し、実践していくことである。

　地方分権時代の自治体は、政策目的に応じて条例、契約等の法的手段を駆使することが必要となる。

政策立案と計画行政

　分権時代が進展する中、これまでのように、国の全国一律の政策に頼るのではなく、各自治体が住民ニーズを十分に把握し、地域の実情に即した政策を実行する政策立脚型の行政を展開していく必要がある。

　政策（都市政策、地域政策）というのは、将来を予測して用意する問題解決の方法論である。目前で起きてしまった事故を処理するのは、事故対策で政策とは呼べない。

　その手法として、予想される社会問題の最悪展望を描き、予測される危険を防止する「政策」のあり方を明らかにする手法。あるいは、「将来のあるべき姿」から、将来を起点に解決策を見つけたうえで、「やるべきこと」「先送りできないこと」「今、決断しなければならないこと」を洗い出し、ゴールの姿を示した対策のあり方を明らかにするのも「政策」手法である。

　政策を具体化して行くために、道筋を示す手段・手法を明示する「施策」と具体的な行動を興す活動・事業からなる「計画」プロセスを整備する必要がある。政策形成とは、課題設定から政策立案までの一連のプロセスにおい

て立案した、政策案が採択されるように働きかけることを指し、それらの取組みで必要とされる知識を政策形成能力という。

　今までは、とかく政策の立案段階である政策形成に重点が置かれていたが、これからは、政策の実施、評価、改善を重点に置き、「政策過程」全体を管理運営するマネジメントという考え方に変えていく必要がある。

　例えば、行政機関の公費の支出に対する不透明感の高まりや、大規模公共事業の継続にあたり、十分な情報開示と説明が不足していることに代表されるように、行政組織内部で完結する政策決定プロセスの問題点が明らかになるにつれ、政策決定過程の構造を明らかにし、それを改善し、あるいは、防止するシステムを構築する必要性が「政策評価」に込められている。そのためにも、自治体職員一人ひとりが、政策立案、実施能力を向上していくことが不可欠となっている。

　自治体が、政策を立案し、展開するということは、地域の現状に即した政策展開を、自治体職員自らが考え、実行していかなければならないことを意味する。これからの自治体は、同じ分野の政策、例えば、地域福祉政策などの基礎的な部分では、全国一律に政策展開されるが、それ以外の部分では、自治体における政策の独創性、独自性を発揮することで「よそとは違う」取り組みが可能となる。

　地方分権を着実に推進していくために、より良い政策展開を図ることが必要であり、そのためには、自治体職員の政策立案、実施能力の向上が求められる。

　形骸化する行政評価システム

　行政評価とは、行政活動における政策・施策及び事務事業を一定の目的、基準の視点によって客観的に評価し、その結果を改善、改革に結びつける手法である。政策レベルの評価を「政策評価」、施策レベルの評価を「施策評価」、事務事業レベルの評価を「事務事業評価」という。

　その成果や実績などを事前・事中・事後において有効性、効率性などの観

点から評価をするもので、限られた経営資源で、より効果的な取組みを実施するため、効果検証、見直しを通じて政策・施策の高度化と事務事業のスクラップを促す取組みである。

　行政評価制度は、1996年に三重県での導入を契機に、静岡県の業務棚卸表（1997年）や北海道の時のアセスメント（1998年）など、様々な形で他の自治体にも行政評価が伝播され、2016年総務省の調査によると、全国自治体の61.4％に行政評価は広く導入されている。

　近年、行政内部において、行政評価の形骸化が進んでいる。その要因として次のことが考えられる。

①活用するための政策形成プロセスを整備せず、手段としての評価の仕組みを導入した点がある。評価の結果（改善内容）を事業計画や予算編成に反映する仕組み、評価結果を事業廃止する仕組みを整備しなければ、評価の活用は難しい。

②先進事例を無条件に取り入れた場合は、職員の理解が得られず、結果として組織内に定着していない。

③大きな課題として「評価指標の設定」が難しいケースや「政策－施策－事業」に係わる、ロジックモデルが未整備の場合は、行政評価が形式的となる。

④評価指標の動向を職員間で議論をせず、担当者が無難に形式的に作成し、結果として改善につながらない、ペーパーワーク評価が行われる傾向が多い。

⑤最上位の計画である、総合計画の指標体系と、異なる行政評価の指標をつくる場合は、評価の整合性と総合性に欠ける点がある。

　他方、本書で取り上げた事例のように、総合計画自身に指標体系（構想-施策-事業）を位置づけ、その根拠を活用し、行政評価を行う場合は、客観的なデータが用いられ、行政評価の「やり方の改善（事業費、事業内容の見直し）」「やることの改善（事業の廃止、手法見直し）」「指標の改善（指標の追加）」による、3つの改善結果が、実施計画兼予算書に反映され、効果を

上げている。

　そして、行政組織内部に潜んでいる内在する問題として、「行政は誤りを犯さない無謬性（誤りがないこと）の存在」「議員や地域有力者からの見えざる圧力」「先人達が興した事業の継続性」「組織内でデータを読み解き、要因分析の議論が実施されていない組織体質」など、行政評価の形骸化を招く要因となっている。

先送り主義の限界

　自治体は、地域の持続可能性、社会インフラの老朽化、財政逼迫などの課題に直面し、未来を見据えた政策課題が山積し、「今、やるべきこと」「先送りできないこと」「今、決断しなければならないこと」など、取捨選択する政策判断が求めれている。

　地域の持続可能性は、地域の衰退に係わる課題であり、これまでの様々な政策に起因するものであり、単に人口の自然減少のみに起因するものではない。

　地域衰退の現状を改善するには、これまでの政策の見直しが必要となり、公共サービス、地域経済の自立度、公共交通の在り方、まちづくり、地域コミュニティを支える歴史文化、社会関係資本の蓄積などに起因するものである。

　地域では、今まで公共サービスの提供主体である行政としての「公」、自治会・町内会等の地縁型コミュニティとしての「共」、民間サービスの提供主体たる「民」の三者が、役割を果たしてきた。しかし、高齢化や人口減少、過疎化に伴い地縁型コミュニティを支えてきた相互扶助力の低下や人口減少に伴い、需要の減少により採算悪化を招き、民間サービスが撤退、公共サービスが縮小という形で、地域を支えてきた三者の力が相対的に低下し、様々な隙間が生じてきている。

　先送りができない事案として、例えば、第一に、地方では、長らく行政区長による行政協力制度により、行政区ごとに区長（地域の状況を把握し、市町村の広報誌の配布や行政への要望をとりまとめなどの業務）が、非常勤特別職の地方公務員として委嘱され、行政の事務などの補助を行わせる行政協

力制度が存在している。いわゆる、一定の区域を単位として、その住民などによって組織される親睦、共通の利益の促進、住民自治の原点である自治会等が存在しない市町村がある。

　行政は、地縁組織として自治会等の育成を進める一方で、自治会等や地域で暮らす人々が中心となって、地域内の様々な関係主体の参加により、地縁コミュニティより、広範の区域（小学校区）で「公」「共」「私」の分野をカバーする主体として、暮らし、生活を支え、地域を発展させいく、人のつながりを媒体とした地域運営組織の仕組みづくりが必要となる。

　第二に、社会インフラ老朽化の課題は、経済成長期に集中的に整備され、急速な老朽化が懸念される。各自治体は「公共施設等総合管理計画」を策定し、再投資と財政逼迫という矛盾した状況下において、施設規模の縮小、スクラップ、施設の統廃合、施設の長寿命化などの方針が示されている。

　他方、方針を具体化するには、縮小の痛みを住民や地域に受け入れてもらうため、痛みを公平に負担するというプロセスが必要となり、積極的な行政の関与が求められる。

　社会インフラ劣化への再投資は、喫緊の課題である。そこに内在する問題は、単に老朽化と再投資の問題でない、自治体のフルセット主義からの脱却や児童・生徒の減少とインフラ老朽化の時期が重なることによる社会的寿命（学校施設など人口減少により、利用可能な施設の廃止）の問題も加わり、もはやすべての公共サービスを一つの自治体で提供することが、困難となっている。

　自治体では、公共サービスの新たな供給体制の転換が課題なり、もはや先送りができない状況下にある。

　第三に、財政逼迫は、より深刻さを増している課題である。自治体の財政運営は、「出ずるを制して、入るを量る」手法により、歳入と歳出の乖離の差を財政調整基金により埋めることを「是」としてきた。長期にわたる放漫経営の付けやコロナ禍による財政支出により、その手法がもはや限界に近づいている。これからは働いて住民税を治めてくれる現役世代が減少する一方で、社会インフラへの再投資や高齢者、子育て世代への支援により、社会保

障費の増加が自治体の財政を圧迫する。

2021 年度、経常収支比率（確実に見込むことができる毎年の収入の何％を、毎年必ず払わなければいけないお金に充てているのかを数値化したもの、財政のやりくりの苦しさ）データを考察すると、全国平均が 88.9％である。平均より上回る市町村は、北海道夕張市 118.9％、宮城県多賀城市 96.0％、神奈川県三浦市 95.2％と横須賀市 95.1、大阪府松原市 95.1％と続いている。

政令都市なら安泰とは限りません。川崎市 97.4％、北九州市 96.3％、京都市 96.3％、横浜市 95.1％、大阪市 93.7 と、待ったなしの財政破綻の危機が潜んでいる。

今は、比較的良好な市町村でも、人口減少、高齢化が進めば一気に貧困自治体に転落する恐れがある。

これからは、「入るを量りて、出ずるを制す」あるいは、地域企業を基盤として「入りを増やして、出ずるを制す」ことで、財政健全化を進める必要がある。他方、歳出を抑止するために、行政評価による事務事業のスクラップの徹底、行財政改革による無駄を省く生産性の向上、公共サービスの担い手の多様化や広域連携に取り組んでいく必要がある。

結果として、財政破綻の付けは、住民や職員に跳ね返ることを忘れてはならない。

2　広域連携と自治体間競争の激化

主体性を持った広域連携

拡大成長時代は、「均質化の発想」と「量を増やす」ことが、自治体の主要な行動規範だった。地方交付税と国庫支出金をもとに、豊かな財源に支えられ、人口規模の小さい市町村から、人口規模の大きい大都市まで、フルセット主義により、学校、児童館、公民館、図書館、ホール、体育館等の公共施

設や道路、上下水道等の社会インフラが整備され、住民は物理的豊かさを享受してきた。

　縮小時代は、より厳しい人口減少や低密化の進行を経験することになる。未曾有の構造変化は、財政問題も含め、フルセット主義で整備してきた社会的サービスのあり方に転換を迫ることになる。

　社会的サービスは、人口密度と規模で配置され、規模の集積の経済が強く働いていた。今後、人口密度が低下すれば、社会的サービスの供給や自治体財政は非効率な状態に陥る。他方、住民は従来の行政区域を越えて活動・行動を興している。

　行政区域に固守した社会的サービスの供給体制では、最適な供給規模を確保することができなくなる。いずれも社会的サービスは、人口密度と規模を必要とし、サスティナブルに維持ができなくなれば、民間サービスは撤退し、公共サービスも非効率化による質の低下と、コストの上昇を招くことになる。

　市町村が単独で周辺の市町村と競争するのではなく、市町村同士がネットワークでつながることにより、これまでにない新たな価値を地域で創出する関係性を築くことができる。

　人口減少が進む中、協調することによって規模のメリットを確保することは大きい。また、生活の豊かさを求める成熟社会では「質」重視の観点からも市町村間の連携の必要性は高まってくる。

　分権時代の広域連携は、その選択の可否も含め、広域連携のあり方について、市町村の主体的なイニシアティブに任せことが重要となる。広域連携は、市町村の実情に応じ、各市町村がそれぞれの戦略的判断に基づいて、多様な姿で展開する時代となったのである。

　その広域連携のあり方は、自治体が主体性を持ち、非効率や経済性の観点も重視するとともに、「質」を重視しなければならない。そして、時代の変化に柔軟に対応できることが重要とされる。

　行政サービスの広域化が何故、有効と考えるのか、その論点を次のように整理しておく。

①規模の小さい自治体では、人材の確保や地域資源が限られてしまい、連携することにより、多様な「ヒト」が集まる可能性が高く、不足する経営資源を補完することが可能となる。

②自治体の広域連携によって、自治体間の競争上、戦略の幅が広がる可能性がある。

③市町村間で分担、共同することによって、住民ニーズにあった多様なサービスを提供することが可能となる。

④人や物の移動の行動範囲が広域化し、地域間のネットワークとして地域全体を一つの生活圏と捉えることで、必要な社会的サービスを提供することが可能となる。

　大切なことは、各自治体が主体性を持ち、各々の責任分担を明確にし、広域連携のメリットを自治体間で享受できるようにするとともに、サービスによって連携する自治体を選べる選択肢を広げる仕組みを構築することである。

自治体間競争の激化

　NHK自治体アンケート調査（「知事、市区町村首長アンケート」2023年4月、NHK）によると、「あなたは、今自治体間の競争が激しくなっていると思いますか」との問に対し、「そう思う」42.6％、「どちらかというとそう思う」36.4％と、回答があった。自治体間の競争が「激しくなっている」と、捉えた首長は約8割に達している。そして、大都市圏近郊の大きな自治体ほど、競争激化を強く意識する傾向があり、多くの首長は自治体間競争を意識しているようである。

　自治体が力を入れている「人口獲得」に向けた、施策がどの程度、効果を上げていると考えているかについて、「新たに自治体で行っている移住促進策は、どの程度成果を上げていますか」との問に対し、「大いに上げている」5.3％、「ある程度上げている」56.4％と、回答があった。アンケート結果から、コロナ禍で高まったといわれる移住熱による自治体間の移住者獲得競争がヒートアップしているように感じられる。

　「あの町はここまでやっているのに、この町はできていない」といったような感覚は、競争が激しくなったからこそ、感じられるようになったのである。限られたパイの奪い合い、人口を取り合う競争は、最終的に勝者と敗者が生まれるだけの競争である。

　今、自治体間競争は、確実に広がりつつある。財政破綻寸前の「負け組」の自治体は、住民サービスの質を下げる一方で、中学生までの医療無料化など、住民が受益を謳歌している「勝ち組」自治体もある。

　何故、自治体間の格差が生まれ、拡大し続けるのか。その格差要因として、「税収格差」「生活コスト格差」「人口格差」「可処分所得格差」「住民所得格差」などが考えられる。他方、格差は住民が享受する行政サービスにおいて現れる。

　例えば、65歳以上の介護保険料の値上げが続く中、自治体間の格差が広がっている。熊本地震後、介護が必要な高齢者が増えた被災地では、引き上げが目立つ。他方、介護予防に励み、効果が現れ、値下げを実現した自治体もある。熊本県南阿蘇村の介護保険料（基準月額）は、7,300円と九州で4番目に高く、全国平均（5,869円）を、約1,400円も上回っている。また、水道料金は、日本水道橋会の調査によると、この1年間で料金値上げに踏み切った自治体は、47自治体にのぼっている。

　財政力に余裕がある自治体は、児童手当など公共サービスを手厚くすることも可能だ。他方、余裕がなく財政が厳しい自治体は、公共料金の値上げにより、住民生活を直撃し、格差を助長させる要因となっている。

　このように、自治体間格差と自治体間競争の激化により、自治体を住民が「選ぶ時代」となっている。

　無理をして、財政力だけに頼るだけでなく、自治体は地域資源に磨きをかけ活用することで、自都市の魅力や個性を発揮し、自分が生まれ育った地域への愛着や誇りも重要な財産であり魅力となる。これからの時代は、「地域の価値」を提供することが自治体の魅力となり、評価の対象となる。目指すべきは「ナンバーワン」に追いつくことでなく、「オンリーワン」になることである。

第4節　自治体の「政策を変える力」と
「政策を選択する力」

自治体が直面する課題

　国は、拡大成長時代、高い経済成長率に裏付けられた税収増のもとで、各種の社会保障制度（社会保険、社会福祉、公的扶助、保健医療・公衆衛生の総称）や社会インフラ整備などを進めていき、それを全国的に均一な水準で達成するため、事務の義務づけや基準の制定を行った。

　経済成長の終焉と人口減少は、こうした政策に綻びと疲弊をもたらし、経済成長、人口増加を前提につくられた「制度・仕組み」の疲労が生じている。そして、社会問題として、格差、貧困、孤立、空き家・空き地、産業空洞化など、先進国の中でも特に様々な社会問題に直面するスピードが早く、社会不安が起きやすい「課題先進国」ともいえる状況である。

　同時に、自治体においても、拡大成長時代の終焉と分権改革を契機に、自治体経営のあり方、複雑多岐にわたる社会問題が「地域と自治体」に投げかけられ、政策や制度・仕組みの見直し、転換が喫緊の課題となっている。

　自治体が直面する行政経営の問題として、「財政逼迫と財政危機」「社会インフラへの再投資」「複雑化・多様化する住民ニーズ」「行政内部の合理化」「事務量増大と適切な職員定数」「自治体のIT・ICT化」などが想定される。

　一方、地域経営の問題として、「地域の持続可能性」「社会関係資本の形成と蓄積」「フルセット主義による住民サービス」「雇用機会の創出」「活動を支えるモビリティ」などが想定される。

　そして、行政サービスを安定的、持続的、効率的かつ効果的に提供してい

くため、自治体経営の体制を確立することが重要となる。

自治体現場で起きていること

　自治体の現場で何が起きているのか、事例に基づき、自治体経営の課題を紹介しておく。

　政令指定都市、京都市の事例では、実質的な借金残高は、約 8,500 億円となり、財政破綻の危機に直面している。京都市は 22 年の長きに渡り「収入より支出が多い」という異常な予算編成を続け、その不足分を「財政調整基金」で補い続けることで基金が枯渇した。更に、借金返済用に積み立ててきた「減債基金（自治体が借金の返済のために必要な資金を積み立てる制度）」を取り崩すなどの対策を講じることで予算不足を回避してきた。財政逼迫を招いた要因として、手厚い市民サービス、高水準の人件費、交通機関の経営難、大規模公共施設の整備などが指摘されている。財政構造がそもそも収支の均衡がとれておらず、それが常態化しているためである。

　中規模の天草市では、市町村合併により、1,400 の事務事業が存在していた。行財政基盤の強化と財政健全化を図るため、総合計画体系にアウトカム指標などを設定し、行政評価と行政経営改革基本計画（行財政改革大綱）の両輪で、事務事業のスクラップに取り組んできた。

　その結果、第二次総合計画期間の終了時に、1,400 の事務事業が、685 事業に統廃合された。他方、事務事業の統廃合はされたが、事務事業の廃止にはつながらなかった。その内部要因として、ヒアリングから明らかになったことは、「活動団体、業界団体との利害調整の困難性」「課の事業を減らしたくない組織心理」「諸先輩がはじめた事務事業を自分の責任で廃止したくない職員心理」「議会対応と議員から睨まれたくない組織心理」など、行政組織と住民団体、議員との関係性が見え隠れしている。

　小規模の金ヶ崎町では、健全な財政運営を維持するため、財政調整基金の最低限度額を設定した。コロナ対策や扶助費、公共施設への再投資などの増大を背景に、歳出圧力は益々強まり、不足する財源を財政調整基金で穴埋す

ることを続けると、2027年には財政調整基金が底をつくことになる。危機感を強めた町長は、行政評価の取組みを強化し、事務事業のスクラップ、統廃合、削減を図るため、組織による内部評価と行政経営改革委員会による外部評価を両輪に財政改革に取り組んできた。2022年度、政策経費を中心に約1.7億円のスクラップの目安額を掲げ、組織・職員の協力のもと、外部評価を経て約9,800万円の一般財源削減案を策定した。議会に対し、中期財政計画の見通しと行政経営改革案を提案したが、地元や業界団体をバックにした族議員の猛反発により、削減の規模はだんだんと縮小して、結果として約600万円程度となった。このような教訓を踏まえ、行政部門は、行財政改革について戦略を見直して継続的に取り組んでいる。

政策を変える力と政策選択を阻害する要因

　このような事例から、「政策を変える力」と「政策を選択する力」を阻害する、様々な内部要因と外部要因が働いていることがわかる。

　内部要因の最大の問題は、課題が見えていても、首長・組織が課題を先送りする組織的体質である。つまり、明日や未来に対して責任を追いたくない心理である。このような先送り主義は結果として、住民と職員に付けをまわすことになる。

　そして、改革を実行に移そうとすると、縦割り主義や、セクショナリズムが行政内部の合理化を阻害する要因となっている。また、縦割り組織主義が「木を見て森をみず」の状態を招き、セクショナリズムに陥り、全体最適を考えない思考が主流となっている。

　外部要因の最大の問題は、議会の役割と議員の資質である。一般論として、議会の役割は政策形成機能と首長の動向、活動を監視、是正・抑制することなどといわれている。

　二院代表制の一翼を担う議会は、自治体経営について、これまで以上に政策能力を発揮し、大所高所から政策を提案し、議論を深化すべきである。族議員としての利益誘導を戒め、自治体経営の未来を見据えた行動をとるべき

である。

　そして、住民や地域においても、縮小社会における認識を高め、地域の持続性と縮小の痛みを分け合うことが必要となる。

　これからの自治体は、地域課題は一様ではなくなり、問題解決には自治体が独自に判断し、解決を図るため、行財政能力の強化が必要である。そして、地域主義を実現するために、住民自治を醸成するために、政策決定プロセスへの住民参加と政策実行プロセスにおける住民と行政との協働の促進が重要となる。

　自治体経営が抱える問題は山積している、今こそ、課題を先送りせず、「政策を変える力」と「政策を選択する力」が求めれている。

第2章
地方の「村」「町」が目指した自治体経営政策選択

第1節　日本一の人口を有する「滝沢村」が
目指した政策選択

1 「村」から「市」への自治体経営のシステム構築

滝沢村から「滝沢市」への政策選択

　岩手県滝沢村（現在の滝沢市）は、盛岡市の西北部に位置し、北西部には秀峰岩手山、東部に北上川、南部に雫石川が位置し、豊かな自然環境に恵まれた村である。岩手山麓から平坦部にかけて酪農・稲・野菜等を主体とした都市近郊の農業地域が広がっている。みちのくの初夏の風物詩チャグチャグ馬コの発祥の地でもある。村内には、岩手県立大学、私立盛岡大学の2つの総合大学、岩手看護短期大学が立地するなど、県内有数の研究学園都市という特性を持ち合わせている。

　村民による地域づくりの意識も高く、2000年に全村域を10地区に区分して、25年後の地域を村民自ら描いた「地域デザイン」は滝沢村の住民自治の基盤となっている。

　盛岡市中心から8kmに位置する立地条件から、1970年頃から盛岡市のベッドタウンとして人口が増加し、2000年に人口が5万人を越え、日本一の「村」になった。

　「平成の大合併（注-1参照）」と呼ばれる、全国的な合併促進策が推進される中で、2003年に、盛岡市を中心とした6自治体による「盛岡地域合併問題研究会（盛岡市・雫石町・滝沢村・玉山村・紫波町・矢巾町）」が設置された。

しかし、滝沢村民の強い反対から、滝沢村は合併の道を選択しなかった。

　その後、全国の人口5万人以上の町村の多くは単独市制に移行している実態や、2009年度の村民アンケートで盛岡市との合併に反対する意見が63.5％と、2007年度調査より2.2ポイント上昇していることなどを背景に、2011年から市制移行に向けた動きがはじまった。同年3月に開催された「滝沢村行政体制調査研究会」において、人口5万人の基礎自治体として最も適した行政体制は「市」であると結論付けられ、2014年1月を目標に市制に移行することが決定した。

　住民と議会、行政は「市」となることを政策選択し、住民と行政との協働、連携による「住民自治日本一の滝沢市」を目指したのである。

　「市」を目指すにあたっての課題の一つは、住民と行政との協働・連携による「住民自治日本一の滝沢市」を目指す自治体経営の仕組みの構築である。もう一つは、地方自治法の規程に基づく「市」となる条件をクリアーすることであった。

　村内に都市構造上、はっきりとした市街地の集積がないこと。村民の多くは隣接する盛岡市に、通勤・通学、普段の買い物に関して盛岡市に依存するベッドタウンとして位置づけが強いことから、人口以外の「市」となる条件（地方自治法　第一編、総則 第八条第一項）」を満たしていなかった。更に、岩手県条例に定められている「国や県の出先機関5カ所以上」という基準にも達していなかった。

　課題を解決するため、柳村展秀村長は記者会見において「県条例を改正するよう岩手県に働きかけ、2014年1月の市制施行に向けた機運を高めていきたい」と述べた。2012年2月に、岩手県知事と県議会議長に市制に関す

注 -1）平成の大合併
地方分権化の一環として、自治体の受け皿づくり（市町村の合併）である財政基盤強化を進めるために合併を推進した。三位一体改革による地方交付税削減で財政的に困窮した自治体の多くは、合併特例債を柱とする財源措置によって合併を強く指向するにとなった。平成の大合併の目標は自治体数を1000以下にすることが国主導で進められた。

る要望書が提出され、同年 10 月 12 日の県議会で、市制移行の障害となっていた県条例の市制要件を緩和することが全会一致で可決された。

　滝沢村は盛岡市との合併の選択はせず、様々な困難性を克服し「村」から「市」への政策選択を行い、2014 年 1 月 1 日に、「人口日本一の村」から「住民自治日本一の市」を目指して滝沢市へ移行した。

職員の「改革経験遺伝子」を活かした新たな挑戦

　1994 年～ 96 年の滝沢村は、他の市町村でも見られた、「決められたことしかしない」「横並び意識」「事なかれ主義」が蔓延していたという。このような組織風土を改革するために、元村長柳村純一氏（1994 年～ 2006年）が先頭に立ち、組織を挙げた行政経営品質向上活動が、1990 年代末～ 2000 年代初期に行われた。

　行政経営品質向上活動とは、「住民が評価する行政のあり方といった観点から、行政システム全体を抜本的に見直し、継続的な改善活動を通じて、行政経営全体の品質を高めることによって、住民本位の行政への質的転換を実現する」ことである。そのためには、「住民主導の個性的で総合的な行政システム」へと質的転換を図らなければならい。住民が価値あると思い、役立つと評価し、満足できる行政の仕組みを構築するため、「情報公開制度」「組織のフラット化」「ISO14004、9001 認証取得」「経営品質プログラムによるアセスメント」「行政経営理念の制定」「管理職投票制度」を提案し、改革を断行した。

　その結果、行政経営のパフォーマンスは向上し、職員の能力も高まり、2006 年「日本経営品質賞受賞」を受賞している。

　社会に価値あるものを創造する経営の仕組みは、徐々に組織に浸透し、行政経営理念、事務改善活動、各部のミッション・ドメインの設定などを通じて、行政経営品質向上活動として定着していった。

　筆者が滝沢村の政策アドバイザー（2012 年度～ 16 年度）として係わりをはじめた時、当時の改革経験者は部長、課長になり、組織内には職員の「改

革経験遺伝子」が、次の世代に引き継がれていた。組織に根付いた職員の改革遺伝子を基盤としつつ、全部門が参加する職員プロジェクトチームを設置し、市制に移行するという、更なる挑戦に踏み出すことになった。

　「市」への移行は、地方分権時代（注-2参照）の自治体改革のインフラとして中心的存在となる「条例政策」が求められる。自治体経営の羅針盤となる、地域固有のルールを「条例」という自治体の最高法規範を用いて「根拠」を位置づける。その条例を活用して、行政経営と地域経営の目指す方向を定め、効果的な行政システムと各種計画群の総合化を図り、課題を解決し、まちづくりを推進していくこととした。

　市への移行により、多くの権限を持つことは、住民に対して説明責任を果たすことを意味し、首長、職員はその覚悟が求められる。人口減少、成熟化時代の自治体には、産業や人口構造の変化による税収減と社会保障関係費（年金、医療、介護、子ども・子育てなどの分野）増による財政制約、社会インフラ劣化への再投資の必要性、社会関係資本の持続性など、様々な限界や必要性のもとで、持続可能な地域づくりが重要となる。行政自ら意志決定し、それぞれの自治体らしさを発揮した自治体経営を行うことが「滝沢市」にも求められているのである。

経営資源の現状把握と最悪展望を描く

　政策・施策づくりの前提として、現状の経済社会が続くとした場合に、予測される自治体の経営資源（ヒト・モノ・カネ・情報）の最悪展望図を描き、地域資源の総括を行う。その上で、予測される危険を防止する政策のあり方を明らかにしながら、住民の望む社会福祉の充実や地域の持続性に何が必要

注-2）地方分権改革
地方分権改革とは、地域が自らの発想と創意工夫により課題解決を図るための基盤となるものである。国と地方の関係が上下・主従の関係から対等・協力の関係に変わり、機関委任事務制度の廃止や国の関与に係る基本ルールの確立などを実施し、地方分権型行政システム（住民主導の個性的で総合的な行政システム）を構築すること。

か、あるいは可能かという道筋を示す自治体経営の仕組み（条例政策、行政システム、計画策定の手法）の構築が必要となる。

　滝沢村では、部門代表（企画・財務・総務部門、福祉・健康・子ども部門、産業・経済部門、環境・清掃部門、都市基盤部門、教育部門、文化・スポーツ部門）による職員プロジェクトチームを設置し、現状分析と30年後の未来を予測する「自治体経営環境診断」（図表2-1）を実施した。検討プロセス（図表2-2）として、滝沢村が置かれている経営資源の実態と、経営環境の未来予測について、情報や各種データを集め、分析や予測結果を共有し、直面する課題、将来生じる恐れのある問題に対する共通認識を醸成し、様々な課題の解決や将来を見越した政策のあり方を検討することとした。

　職員プロジェクトチームは、アドバイザーの助言と支援を受けながら、①経営資源・実態カルテ、②経営環境・未来予測カルテ、③最悪展望のシナリオの三段階で「自治体経営環境診断」を行った（図表2-2）。

　なお、参考として滝沢村における経営環境診断結果と最悪展望予測の概要を紹介しておく。

図表 2-1　「自治体経営環境診断」

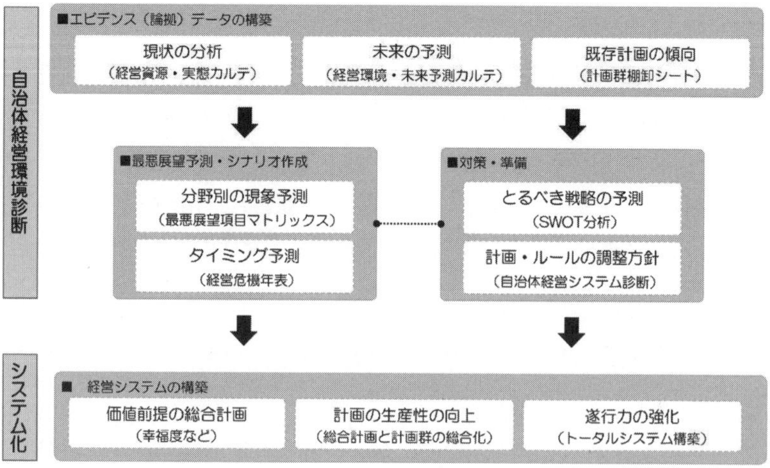

図表 2-2　「自治体経営環境診断のプロセス」

① 経営資源・実態カルテ　… **過去〜現在の経営資源の本質を見る**

（内容）
　　A. 人的資源　　B. 生活環境資源　　C. 都市構造　※1990〜2010の間の5年
　　D. 社会資本　　E. 行政コスト　　　　　　　　　　　単位のデータを中心に扱う

② 経営環境・未来予測カルテ　… **未来の経営環境を予測する**

（内容）
　　A. 財政予測　　　　　　　　　　　　B. 社会資本更新費予測
　　C. 将来児童生徒発生と教室過不足予測　D. 将来職員構成予測

③ 解釈・最悪展望シナリオ　… **起こりうる最悪展望を"見える化"する**

（内容）
　　① 最悪展望項目マトリックス（項目ごとのリスク要因の分析）
　　② 経営危機年表（リスクのタイミングを年表化）
　　③ SWOT分析（滝沢村の内外の要因から戦略案を作成）
　　④ 既存計画の傾向＆地方政府づくり診断（政策の棚卸、計画・政策の調整方針）

【経営環境診断結果と最悪展望予測】

□診断カルテから読み取る過去 20 年間（1990 〜 2010）の滝沢村の特質

〈特質① ベッドタウン都市〉

・通勤、通学者の昼夜間人口比は、2008 年 90.4％から 2010 年 86.4％と
　減少し、2010 年では、流出人口 17,799 人、流入人口 9,853 人とベッ
　ドタウン都市の性格を強めている。

〈特質② 潜在化する大量の社会資本の老朽化と機能更新の課題〉

・1970 年代後半〜 80 年代の人口増加に伴い集中した、社会資本整備（公
　共施設・社会インフラ）の更新費用などが増加すると共に、2030 年以
　降に大量の老朽化時期を向かえる。

〈特質③ 若者人口の村外流出〉

・人口安定期に入った 2000 〜 2010 年の年齢階層変化により、20 歳か
　ら 29 歳の若者世代の村外流出が顕著に表れている。30 代以降の人口
　は安定している。

〈特質④ 高い住民力と地域力〉

・地域デザインの取組み以降、自治会加入率や村民の行政参加が高く、住
　民協働の形成へとつながる社会関係資本（ソーシャルキャピタル）を高
　める土壌が形成され、人を招き入れる風土により新旧住民の融和の精神
　が醸成されている。

〈特質⑤ 行政コストが増加〉

・1998年、22.6万円/1人から、2010年、27.4万円/1人と　行政コス
　トが増加している。歳入構造は、自主財源の微減傾向に対し依存財源の
　地方交付税が減少し、行政コスト負担は一人当たりの村民税の3倍に
　達している。

□未来カルテから読み解く最悪展望予測

〈多様化・複雑化する住民ニーズの実態と予測〉

・単身世帯・高齢者世帯の増加、女性の社会進出の増加は、高齢福祉・医療・
　子育て・教育など、複雑化・多様化する住民ニーズの変化が予測される。

〈都市構造の実態と予測〉

・現状の都市構造は、母都市盛岡市の政治・商業・業務機能集積と、周辺
　7町村が住宅・産業・教育機能を受け持つ、広域都市連携の構造で成立
　している。人口減少・高齢者の増加は、公共交通分担率が低くマイカー
　依存の環境では交通弱者を生む可能性がある。

・将来産業別人口推計から、第三次産業比率が高まり、第一次・第二次産
　業比率の減少傾向が顕著となる。

〈社会関係資本の蓄積を脅かすリスクの実態と予測〉

・住民は地域デザインを契機に、村内10地区で、住民の自助・共助によ
　り地域を豊かに幸福にするための実践活動を積み重ねてきた。

・社会関係資本の蓄積を活かして、人口減少・高齢化時代によるリスクを
　押さえ、自助・共助による住民協働の持続性を高めることが課題となる。

〈財政構造の実態と予測〉

・福祉・医療に係わる扶助費の増加傾向が、行政の合理化ペースを上回る
　勢いで財政需要を増加させ、2020 年には、住民税で扶助費を賄えなく
　なる。扶助費の増加、社会資本の再投資と担税力低下による将来の歳入・
　歳出との乖離が財政逼迫を招く。

・行政コストと地方税負担の相関関係予測から、現在の財政構造は自主財
　源では 35％しか補えず、依存財源（地方交付税・国庫支出金・起債等）
　に頼る財政構造である。将来、依存財源の増加は見込めないことが予測
　され、財政運営上の創意工夫が必要となる。

〈社会資本の老朽化実態と予測〉

・1970 年代後半〜 80 年代の人口増加に伴い、集中して社会資本整備が
　行われ、2030 年以降に大量の老朽化を迎える。老朽化に伴う将来の更
　新費は、年平均の更新費が約 33.8 億円、40 年間の総更新費が約 1,352.9
　億円と推計され、財政逼迫の要因となる。

〈行政職員構造の実態と予測〉

・職員構成の将来予測から二つの山を確認した。2015 年〜 2020 年に、
　第 1 の大量退職期を迎える。2030 年頃には、第 2 の大量退職期を迎え、
　組織力の維持・継承や活力ある職員力の持続性が課題となる。

　このような、職員プロジェクトチームによる経営環境診断と最悪展望予測
作業は、約一年におよんだ。部門ごとの調整や節目ごとに開催された全体会
議を通じて、現状がどのような状況にあるのか、30 年後の最悪展望予測結
果をもとに、意見交換を行い、各部門が縦割り目線では見えない問題を共有
することで、「市」に移行するための自治体経営上の課題が確認された。

「村」から「市」を目指す自治体経営の仕組みをつくる

　「村」から「市」を目指す自治体経営を実現するため、何が必要か。ある
いは何が可能か、という道筋を示す「仕組み」づくりの検討が行われた。

　最悪展望を予防する経営戦略として、次のような提案が整理された。

①多様化するニーズに減少する予算で応える矛盾した課題に対し、最善の政策・施策を導く知恵と工夫、自発的な協力関係による相乗効果を生み出す様々な協働を導き出す。

②自治体が何をするかで差がつく時代に対し、個性と独自性に基づく行政経営を実現するには、横並び意識からの脱却が必要となる。

③計画形成や評価サイクルの重要性がますます高まる時代には、エビデンス（根拠）情報に基づき評価からはじまる経営を目指す。

④住み続ける、選ばれ続ける「滝沢」を実現するには、地域社会のアウトカムを生産性高く実現し、立場や領域を超え、多くの人に伝わりやすい法令・計画・活動のアピールと地域資源を発掘、磨きをかけ、地域価値を高める視点を磨く。

⑤地方分権下の挑戦的な自治体経営を支える自治体像を具現化するには、行政の高い組織力の発揮（自由創発、共創調和、社会視座力、未来先取）を可能とする組織風土を構築する。

⑥住民自治日本一の滝沢市を実現するための新しい尺度として「滝沢ハッピネス」目指す。

このような、提案を踏まえ、新しい自治体経営の固有のルール、「滝沢市自治基本条例（自治体を自ら治めるそのあり方と実現方策を規定した最高規範）」を制定し、最高規範のもとに計画体系と条例体系を整備（図表2-3）することとした。

「自治基本条例」とは一般的に、住民自治に関する基本的事項を規定するものであり、他の条例に対して最高規範性をもつものである。このような自治基本条例の理念を実現するために、自治に関する条例を整えた「条例体系」のみならず、総合計画や各種個別計画との整合、総合化を図った「計画体系」の構築がポイントとなる。

「滝沢市自治基本条例」の具体的な内容として、次のようなことが掲げられている。

①一人一人の思いの象徴を示した「市民憲章」。

図表 2-3　「自治の最高規範のもとに計画と条例を総合化」

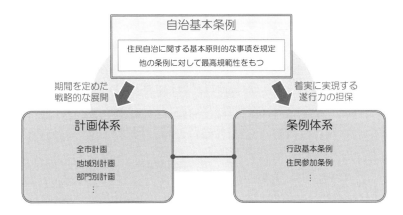

図表 2-4　「総合計画の前提」

三層構造	基本構想・基本計画・実行計画からなる
組長のマニュフェストに耐えうる計画	首長の任期を踏まえ、基本構想8年、基本計画4年（前期4年・後期4年）実行計画4年（3年先を見据えた計画）の期限とした「8：4：4」体系
議会での議論の実質性の向上	自治総合計画・基本構想・基本計画が議会同意（二元代表制に基づき、相互が責任を持って政策・施策を遂行する役割を担う）方式
計画間の相乗効果	分野別計画を総合計画で位置づける（期限・更新時期・基本構想との連動）
財政チェック	村民代表の議会が財政をチェック

図表 2-5　「総合計画の体系」

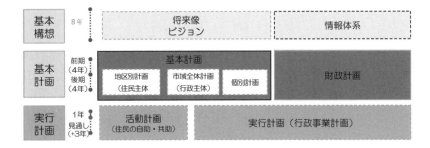

②滝沢市が目指す理想の姿を示した「目指す地域の姿」。

③目指す地域の姿を実現するために必要なルールを示した「基本原則」。

④市民協働による地域づくりを推進することを示した「協働の地域づくり」。

⑤総合的かつ計画的な地域づくりを推進するため、総合計画を市の最上位計画と示した「総合計画体系」。

⑥行政運営（財政運営・行政評価・行政組織・審議会などの原則）の規律を示した「行政運営の原則」。

⑦地域経営や行政経営を実現する遂行力としての条例制定を示した「地域固有のルールの原則」を定めた、滝沢市自治基本条例が2014月4月に施行された。

　計画体系では、地域・自治体の「自立と自治」を目指す自治体経営の前提として、地域づくりの目的、政策・施策手段、担い手が三位一体として体系化された総合的かつ計画的な政策デザインが必要である。滝沢市として自治体の最上位計画として「総合計画」を位置づける。総合計画を最上位の計画として、30を超える個別計画を紐付け、計画群の総合化を図ることとする。総合計画策定に際し、首長任期、マニフェストなど、前提（図表2-4）とすることを確認した。

　計画体系の中核となる「総合計画の体系（図表2-5）」は、3層構造（基本構想・基本計画・実行計画）とし、首長の任期と計画期間を整合させ、マニュフェストを反映させる仕組みとした。

　基本構想8年・基本計画4年・実行計画4年。実行計画は毎年、4年先まで見通して策定するローリングシステムなど、次に示す方針のもと、総合計画の計画体系の整備を確認した。

①基本計画と個別計画の整合と役割分担。

②部門を中心とした組織マネジメントによる計画の遂行。

③総合計画の将来像に「幸福実感一覧表」と「暮らしやすさ一覧」を掲載し、市民協働で取り組む方向性を明記。

④財政計画と基本計画・実行計画の連動による財政規律の徹底。

⑤住民が主体となって策定・実行する地域別計画と、行政計画としての全市市域計画からなる総合計画体系の整備。

⑥総合計画に個別計画を紐づけ、施策・事業と整合。

　条例体系では、計画体系と両輪の役割を果たす、自治基本条例に基づく「個別条例体系」の整備を順次すすめる。条例は「自治立法」といわれるよう地域のローカルルールである。とりわけ、基礎自治体として住民に最も密接にかかわる身近な存在である。自治基本条例のもと、議会基本条例、行政基本条例、コミュニティ条例、住民参加条例などを加えた条例群を整備することとしている。

　滝沢市では、総合計画基本構想の「目指す将来像」として、幸福と暮らしに関する指標の設定をし、「幸福実感一覧表」と「暮らしやすさ一覧表」として掲載している。

　「幸福実感一覧表」は、住民自治日本一を目指す、滝沢市において、市民や活動団体、NPOなどが「幸福感を育む地域環境の創出」に向けて活動するため、市民協働に取り組むきっかけとしている。

　市民が安心して地域づくりに取り組むには、市の行政として取り組む方向を示すことが必要である。

　これらの「幸福実感一覧表」と「暮らしやすさ一覧表」の二つの一覧表を掲げ、指標の推移を把握することで、市民や行政の活動の効果を把握するとともに、主要な統計データによる環境分析により客観性を持たせることとしている。

住民自治と地域別計画

　先に述べたように、滝沢村では 2000 年に、住民自らが地域の課題を地域の住民自ら解決することを目指して、市内の各地域単位で、地域の 25 年後を描いた「地域デザイン」を自治会と地域団体、NPOなどが協働して策定した。

　その後、2005 年から 10 年間の地域づくりを、自助・共助を前提に、よ

り快適な住環境を維持・向上させ、住み続ける滝沢の姿を描く、地域ごとの「地域ビジョン」の策定が行われた。この「地域ビジョン」は、各地域で20～30名の住民がワークショップ方式で、地域資源を点検し、地域として大切な「宝物」を発掘し、目指すべき地域の姿を描き、地域の思いを実現するための手段として取りまとめた。

　その方針により、様々な「住民協働事業」も行われてきた。例えば、道普請事業(材料を行政が地域に提供し、地域の住民協働で道を整備する事業)や、通学路の安全見守り活動、高齢世帯への見守り活動、地域の伝統芸能の継承活動、故郷の河川環境を保全する活動、美しい田園風景を守る地域景観のルールづくりなど、多種多様な住民発意と主体性による活動が実践されれてきた。

　このような実践や活動を通じて、自治会での連帯感と自治会間の連携が強まっていった。また、住民の自発的な社会活動を基盤に、絆が強まり、社会関係資本の形成・蓄積を生みだしている。

　総合計画は、住民の想いである「地域デザイン」の取組の実績を、「地域別計画」として基本計画に位置づけたものである（図表2-6）。

　地域別計画の根拠となる条例の検討を目的に、自治会連合会理事と自治会長15名で構成する「地域づくりコミュニティ条例検討委員会（2014年2月設置）」を設置した。

図表2-6　「自治基本条例と地域別計画の関係」

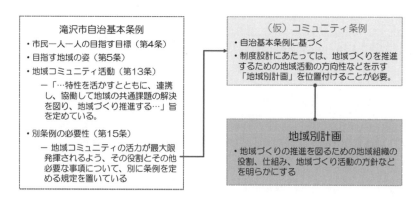

　検討委員会では、住民自治による地域づくりの実現を目指した、住民と行政が共有する地域固有のルールのあり方について検討を行い、「（仮）地域づくりコミュニティ条例」の骨子案を、次のように取りまとめた。

①地域の課題は地域の市民自らが解決をすることを示した「地域づくりの目的」。

②自治会を中心に、地域の様々な活動団体で構成される、会議体としての「地域自治組織」。

③地域コミュニティの範囲を示した「地域の設定」。

④一つの地域では、複数の地域自治組織に属することができないことを示した「組織の重複の禁止」。

⑤地域自治組織は、届け出・認定制度とし、地域自治に会議体（市長の付属機関ではない）のあり方を示した「組織の位置づけ」。

⑥地域づくりに関する必要事項を示した「組織体の機能」。

⑦総合計画は、市域全体計画と地域別計画で構成することを示した「計画の分権化」。

⑧地域づくり計画（地域別計画）を常に点検、改善して、活動の振り返りを公表することを示した「活動の評価」などを整理し、提言をおこなった。

　次に、根拠となる条例の検討結果を踏まえ、地域づくり懇談会を市内10地区（図表2-7）に設置した。

図表 2-7　「地域づくり懇談会」

　構成は単位自治会や地域まちづくり推進委員会の他、公益的活動を行う団体及び個人が広く参加できる「場」とする。地域別計画について話し合いの結果を地域別計画案としてまとめ、自治会連合会（コミュニティ検討委員会）へ報告することを原則とした。

　地域づくり懇談会を中心に、地域別計画の検討がはじまった。地域別計画を検討する際には、二つの課題があった。一つは、「地域デザイン」で掲げた、2005年を目標とした、地域まちづくりの指針の検証・振り返り、どのように地域別計画に継承させるか。もう一つは、総合計画の基本構想で掲げた「幸福実感一覧」をいかに地域で追求するか、また、世代別の幸福感やそれを実現するための活動・行動をどのように具体化していくかが課題となった。

　そこで、地域づくり懇談会代表者の意見交換会を通じて検討が行われ、その結果として、次にように地域別計画に係わる方針を取りまとめた。

①地域デザインや地域ビジョンで掲げられた「地域の目指す姿」や「地域の課題」について、振り返りを行い、点検・修正して、地域別計画の「目指す地域の姿」に位置づける。

②地域デザインや地域ビジョンの「まちづくりの方針」を点検・修正し、地域別計画の「まちづくりの方針」へ位置づける。

③地域ビジョンで掲げられた「土地利用・地域整備」については、地域と行政で点検し、継承すべき事項は、行政の行動計画である、市域全体計画に反映させる。

④幸福実感一覧については、地域ごとの課題を踏まえ、追求すべき事項を抽出し、具体的な活動・行動モデルを明らかにする。

⑤地域デザインで掲げられた地域の宝物（地域資源）については、再度点検して、地域別計画へ移行させる。

　また、地域別計画というのは制度設計上の考え方であるが、名称をそのまま使うのでは、重々しい印象を与えることから「幸せづくり活動プラン」とし、地域ごとにサブタイトルをつけ、地域住民が活用しやすい、地域づくりの読本として、策定することとした。

このことを踏まえ、地域づくり懇談会代表者による模擬ワークショップが開催された。

図表 2-8　「地域別計画のフォーマット」

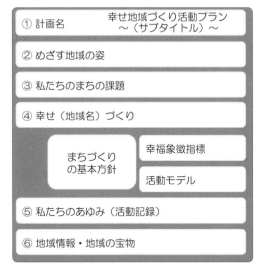

① 計画名	幸せ地域づくり活動プラン ～（サブタイトル）～	
② めざす地域の姿		
③ 私たちのまちの課題		
④ 幸せ（地域名）づくり		
まちづくりの基本方針	幸福象徴指標	
	活動モデル	
⑤ 私たちのあゆみ（活動記録）		
⑥ 地域情報・地域の宝物		

基本構想で掲げられた、幸福実感一覧をもとに、地域ごとに追求する滝沢市民の幸福を導くための演習を行い、検討のプロセスを共有した。そして、地域づくり懇談会ごとに、月2回程度のペースで検討が行われた。中間と最終の段階で、懇談会代表者会議による、進捗状況の報告や地域別計画策定に係る意見交換が行われ、2015年3月に「地域別計画のフォーマット（図表2-8）」に基づき全地区で幸せづくり活動プランが策定された。

　筆者はアドバイザーとして代表者会議や地域づくり懇談会、意見交換会に参加し、地域課題の解決や幸せづくりをどのように具体化するかなど、参加者間での真剣な議論を実感した。

　意見交換から様々なアイディアも出された。例えば、多様な活動主体が連携した幸せづくり活動を推進するために、活動団体の年間活動目標や予定を掲げることで、多様な活動主体との連携を可能にすること。また、これまでの地域デザインで実践してきた、地域での活動や経験をもとに、自ら実践した活動に対する思い、節目ごとの活動の振り返りを通じて活動の成果を確認するなどの意見が寄せられた。

　様々な活動を通じて、人々のつながりや絆を高めることが、幸福実感につながることや、人と人の絆やつながりの大切さを理解し、共有していることが印象的であった。

2　自治体経営をどう変革させたか

（1）職員の意識変革

　先に述べたように、変革を試みた元村長は、時間をかけて「組織を挙げて行政経営品質向上活動」に取組み、横並び意識を捨て、創意工夫による自治体経営の仕組みへ挑戦をさせることにより、徐々に職員・組織に浸透し、意識変革が定着した。

　筆者は、事前に『日本一の村を優秀会社に変えた男』（溝上憲文、講談社）を読み、2012年4月にはじめて滝沢村を訪れた。筆者の認識として、「職員は首長の変革方針により一時的には改められるが、首長が去れば、すぐにもとの姿に戻る体質」と思っていた。また、「村」から「市」への移行にあたり、自治体経営の仕組みを構築することは、困難性が伴い、職員に本気度があるか、少々不安があった。

　「自治体経営環境診断」を職員参加で行うため、部門代表による職員プロジェクトチームを設置し、アドバイザーとして約一年間、意見交換を重ねた。特に、企画総務課、財政課、住民環境課、議会事務局などと、自治体経営の仕組みや総合計画デザインのあり方について意見交換を重点的に実施した。

　このような、職員との協議を通じて、職員の意識変革により、「どのような成果が生まれ、達成されたか」あるいは、「どのような課題が新たに生まれか」について振り返る。

　参加した職員の縦割り意識やセクショナリズムは、当初は見え隠れしていた。しかし、自治体や地域を取り巻く課題分析、将来生じる恐れのある課題について、部門ごとに作業結果を報告し、全員で意見交換を重ねる中で、縦割り意識が徐々に総合的な視点に変化し、本気度が高まり、共通認識を醸成

することができた。

　例えば、初めは財政の問題は財政課の仕事、他の部門をはじめ自分の業務に関係ないことから感心を示さなかった。しかし、来来予測の結果、行政コストが住民税の3倍になること、社会インフラの再投資に膨大な投資が必要なこと、扶助費が急増している実態などから、財政逼迫の問題を組織全体で考えるべき課題であることに気づいた。

　また、行政サービスを最適化し、質を高めていくには、限りある経営資源（ヒト・モノ・カネ・情報）をどのように配分していくかが重要で、そのために事務事業の評価・改善が日常的に求められることを、職員は感じ取ったのだ。

　職員は、村から市への移行に伴い、社会福祉事務所機能が新たに加わり、今まで国・県が負担していた事業費が市の負担となり、将来的には約250の事務が移譲されること。住所変更に伴い、住民や企業、事業者に煩雑な手続きや臨時的な経費が財政負担として新たに生じるなど、住民への適切な情報提供と住民目線を踏まえた行政経営システムを構築するかが、組織の課題であることを認識した。

　また、これから入庁する職員や若い職員に対して、働きながらキャリアを磨いていくための職員サポートや仕事の楽しさを自分でつくる極意の伝授は、従来型の職員研修では充分でないこと。住民の声に耳を傾けるため、次世代を担う職員が地域に関心を持ち、積極的に地域との係わりを持つ職員風土づくりが、課題として浮かびあがった。

　議会事務局から、市への移行に伴う自治体経営の仕組みの検討状況について「議会村政懇談会」設置の提案がされ、筆者に参加の打診があった。事務局の意図は、議会ルールに縛られない、懇談会を設定し、質問・答弁方式でない、これからの自治体経営のあり方について意見交換を通じて、村会議員から市会議員になる心構えを醸成することであった。筆者は村政懇談会に3回出席し、自治体経営の仕組みや総合計画デザインについて検討経過を報告し、議員との懇談を通じて目指す方向性を共有できたことは、大変有意義な経験となった。

　議員の質を高め、自治体経営の改革を後押しすることは、議会本来の機能を高めることにつながる。

　全国都道府県議会議長会が実施した住民アンケート調査（2018年）によると、議会課題として「議員や議会の活動がわからない」「議員、議会情報を積極的に提供、公開をすべき」「審議に住民の意思が反映されず、不透明」「議会に意見を述べる機会や審議に関与できる機会を設ける」「行政に対する監視とともに、議員による政策立案の活用」などの課題が寄せられている。村議会から市議会に移行するにあたり、「二限代表制（注-3参照）」の一翼を担う、議会改革が求められている。

　一方で、職員は、自分の仕事に価値が本当にあったのか、自分の仕事を正当化することは、行政マンは得意であるが、そうではなく、これまでの自分の考え方に正面から疑問を投げかける力が、これからの職員には求めれている。これからの公務員は学卒者が大半を占め、職員の価値観が多様化するなか、「改革経験遺伝子」の次世代継承の真価が問われている。

（2）行政経営システムの構築

　行政経営システムとは、自治基本条例で定めた理念を、戦略的に実行するため、総合計画を最上位の計画と位置づけ、総合計画を中核にして、様々な個別計画群や行政システム（予算編成、行政評価、目標管理、人事評価、人材育成など）を同じ方向に向けるように再構築することである。

　滝沢市自治基本条例第3条第1項では、「この条例は、滝沢市の自治に関する最高規範であり、個別の条例及び規則の制定等又は総合計画等各種計画

注-3）二限代表制
地方自治体では、国の議院内閣制と異なり、首長と議会議員をともに住民が直接選挙で選ぶという制度をとっている。住民を代表する首長と議会が相互の抑制と均衡によって緊張関係を保ちながら、議会が首長と対等の機関として、自治体の運営の基本的な方針を決定（議決）し、その執行を監視し、また積極的な政策提案を通して政策形成の舞台となることが、二元代表制の本来のあり方である。

の策定に当たっては、この条例の趣旨を最大限に尊重しなければなりません。」と規定され、滝沢市行政基本条例、滝沢市コミュニティ条例、滝沢市住民投票条例などが順次、制定されてきた。

　滝沢市自治基本条例第9条第2項「総合計画を策定する場合は、市民が参加できる方法を用いるものとし、その意見を当該計画に反映するものとします。」の規程により、住民参加を得て総合計画の策定作業を進めることとした。

　具体の制度設計検討プロセスにおいて、職員との協議を通じて、「どのような成果が生まれ、達成されたか」あるいは、「どのような課題が新たに生まれか」について振り返る。

　滝沢市自治基本条例第1条で「誰もが幸福を実感できる活力に満ちた地域」を掲げている。この将来像の実現に向けた計画が、総合計画である。その基本構想では「将来像」として、幸福と暮らしに関する指標として「幸福実感」と「暮らしやすさ」を掲げている。

　滝沢市の住民幸福の捉え方は、まず、ライフステージを意識することとした。人は誕生してから、入学・進学・就職・結婚・出産・育児・退職・老後・死亡いった、一連のライフステージを想定することが出来る。具体的なライフステージとして、「すこやか世代（0〜5歳）」「学び・成長世代（6〜17歳）」「自立世代（18〜34歳）」「子育て世代（35〜49）」「充実世代（50〜64歳）」「円熟世代（65歳〜）」「全世代」の7つを設定した。

　また、生活価値が向上する場面として、「喜び・楽しさ」「成長・学び」「生活環境」「安全・安心」「人とのふれあい」の5つの生活シーン（場面）を設定した。

　制度設計の具体化において、「幸福実感」を導く、検討プロセスを巡り、担当職員チームと筆者らで検討が行われた。

　職員の「気づき」から、幸福実感の収集方法として、全職員から無記名による職員メールで「気づき」を集める。各種活動団体へのヒアリングは、部門が所掌する活動団体ごとに行う。例えば、福祉部門は子育てサークル、健康づくりサークル、高齢者支援団体など、対象にヒアリングを行うこととした。

　職員が集めた気づきを、次のような整理として取りまとめた。

①住民と職員の実感や気づきをマトリックスに整理する。

②マトリックスに整理された、住民幸福の素案の重み付けに「みんなで考える滝沢幸せアンケート調査」による分析結果を活用する。

③アンケート結果をもとに、住民の視点で点検・精査をする「市民会議」の開催など、3つのプロセスを経て、滝沢市の住民幸福を高めるための価値基準を整理することとした。

　職員による各種活動団体ヒアリングは、アンケート調査と異なり、住民の本音や困りごとなどを聞き出すことに成功し、様々な住民から気づきを集めることができた。改めて職員らが、住民からの「気づき」を聞き出す、コミュニケーション能力のすごさを感じた。

　市民集会では、筆者も参加して全4回開催された。検討事項として、生活シーンごとの幸福と感じる条件とは何か、幸福感は人それぞれに価値観が異なるなど、様々な視点からの意見が交わされ、住民力の凄さと生活者目線が厳しいことを改めて実感した。

　職員力と住民力のコラボレーションにより、「幸福実感一覧表」が整理され、当初の目的が達成された。人が幸福であるための必要条件には、様々な要素があり得るが、ライフステージごとに生活シーンの状態が満たされているとき、多くの人々は幸福感を実感できるかが課題として浮かびあがった。

　解決策として、滝沢市では、この7つの「ライフステージ」と5つの「価値向上の生活シーン」を組み合わせた、35のマス目から成る「幸福実感一覧表」のマトリックスを設定し、それぞれのマス目の幸福実感に加えて、象徴指標と目標値（基準値・4年後・8年後）を明らかにした。

（3）住民自治と地域内分権

　滝沢市総合計画基本計画は、市域全体計画（行政が責任を持って実現する活動を規定した計画）と地域別計画（誰もが幸福を実感出来る地域づくりを

共助で実現する活動）で構成されている。

　地域別計画は、住民自治（注-4参照）に依拠し、「地域ができることは、地域における共助により、解決していく考え方」に基づくものである。滝沢市の地域経営の仕組みは、市域を10の地域に区分し、地域内分権（注-5参照）を推進している。あくまでも住民自治の発想による住民主体の活動なので、基本計画に於いて、地域別計画をつくることができることを位置づけ、住民と行政が協働し、相乗効果を高めていく地域づくりを推進する戦略である。

　課題は、先に述べたように、滝沢村時代に策定された、地域デザインで掲げられた「土地利用・地域整備」のあり方や地域デザインで掲げている住民主導の「自助・共助による活動」を、地域別計画において取り組むべき「幸福実感一覧」と、どう整合させていくかであった。

　地域づくり懇談会との協議を通じて、「どのような成果が生まれ、達成されたか」あるいは、「どのような課題が新たに生まれたか」について振り替える。

　市域全体計画は、行政活動を規定した計画である。市が主体となり責任を持って策定する領域とする。例えば、セーフティーネットの確立、都市基盤の整備、土地利用計画、法令等に基づく直接的にサービスを提供する事務事業である。他方、地域ビジョンで掲げた「土地利用・地域整備」について、地域づくり懇談会と行政とで、地域デザインに示された地域整備方針（駅前整備、小学校の増設、広域道路の整備など）を点検し、継承すべき事項は、市域全体計画に反映させることとした。また、地域住民の合意により策定された「景観づくりのルール」などは、地域別計画に移行することを確認した。

注-4）住民自治
住民自身が地域の問題や将来の地域のあり方について、そこに暮らす住民の意志のもとづき、地域の運営を行うこと。

注-5）地域内分権
住民が主体となって住民自治組織をつくり、行政と連携しながら「地域でできることは地域で」の共助の考え方に基づく、新たな住民自治の仕組みを構築すること。

　幸福実感一覧の地域での追求については、地域デザインの活動方針により、既に高齢世帯への見守り活動、学童・生徒の通学路の安全見守り活動などが行われている。これらの活動は、意見交換の中で、世代別の幸福感や生活価値を向上させる活動であることを確認し、ライフステージごとに活動モデルを紐付けることにより、幸福実感を追求することとした。生活道路の道普請事業などについては、生活環境を向上する活動として、市が材料や活動資金、技術を提供することで、地域別計画に盛り込むことが確認された。

　地域づくり懇談会との協議を通じて実感したことは、住民主体で実践してきた「地域デザイン」の精神が地域に根付き、地域力の源泉になっていることである。その活動実績を次のステージである地域別計画につなげることができたのである。

　新たな課題として、地域づくりを担ってきた活動者から、次世代を担う住民に、地域づくりの極意や大切さを伝え、継承できるかが、地域の持続可能性を維持していく上での課題となる。特に、盛岡市から移り住んできた子育て世代が多い地域では、まちづくりに関心を持ってもらうため、地域行事への声かけ運動や子供会を通じた親同士のコミュニケーションのあり方が課題として浮かびあがった。

《コラム①》
地域力と職員力が自治体経営改革を後押しする

　地域の人口動態や地域構造、地域資源は、地域ごとに異なり、それぞれに地域特性や地域文化が存在している。地域ごとに豊かで安心して幸せに暮せる社会を築くには、これまでのような、全国一律の政策では解決できない、地域の実情に沿った独自の政策や手法を駆使する必要がある。

　滝沢村から「滝沢市」への政策選択は、地域と行政の「改革経験遺伝子」が脈々と継承され、住民自治に根ざした「地域力」と経営品質改善運動の遺伝子の「職員力」があったから、政策転換を可能とした。

　滝沢市から学ぶことは、住民と行政との協働、連携により、自主的な地域づくりと行政の改革を重んじる組織風土は、「地域からの発想」に依拠し、政策や仕組みなどを変えることに果敢に挑戦してきたからこそ、未来に責任を持つ自治体に変えていくことが可能となったのである。

　滝沢村では、より快適な生活環境の実現を目標に、2000年から地域住民による自助・共助による地域づくりが展開されてきた。地域の課題は地域で解決する地域風土が地域の中で芽生えていた。

　まさに、人口減少・高齢化時代を先取りした、地域の暮らしを守るため、地域で暮らす人々が中心となり「地域運営組織」が形成されてきた。10地区ごとの自治会を基礎に、様々な活動団体が参加する協議会を設置し、地域経営の指針を示し、地域課題の解決に向けた取組を実践する「地域運営組織」が存在していた。

　一方、滝沢村の行政組織は、前述したように「決められたことしかしない「横並び意識」「事なかれ主義」を変革するため、組織を挙げた行

政経営品質向上活動に取り組んできた。

　首長の改革方針により一時的に改められるが、首長が去れば、すぐに
もとの姿に戻る体質が一般的である。一瞬、横並び意識、縦割り主義な
どの岩盤を崩したかに思えるが、そうたやすく崩れず、崩れたふりをし
て、4年、8年を寝たふりをして過ごす処世術を公務員は身に着けてい
るので、抜本的に改善されたためしがない。

　しかし、滝沢村では、「改革経験遺伝子」が組織内に継承され、脈々
と生き続けていた。他の自治体では、首長の先導により「縦割り行政の
打破」「職員の生産性向上」を旗印に行政経営改革が行われてきたが、
首長が去れば、結果として改革が不発に終わる事例が多い。

　それは、「役人は他部署からの介入は、自身の権限を奪われ、自らが
立脚する基盤が脆弱となると考えるため、連携して何かをするという発
想が欠如している。また、部・課の利益と既得権益を守ることが、自ら
の身を守ることになると考えるから、縦割り主義は温存された。」と考
えられる。

　だが、滝沢村では元村長が退任した後も、自主的に各部の部長が毎週、
業務開始前の早朝に集まり、村の政策・施策の進捗状況や各部の業務課
題について意見交換を重ねていた。このような取組みが、縦割り主義を
排除し、総合的な視点から問題を見つめる姿勢へと変化し、部長を通じ
て課長や職員に伝授され、職員間に「徹底的に議論する組織風土」が根
付いていた。だからこそ、限りある経営資源をもとに創意工夫を凝らし
た政策立案につながってきたのである。

　まさに、地域の持続性と自治体の自立に向けて、抜本的な改革ができ
るかが、地域住民と職員に問われていることを、肝に銘じておく必要が
ある。

　このような「地域経営」と「行政経営」の2つの生産性の発想は、
相乗効果を生み出すものである。職員の改革への挑戦が高まれば高まる
ほど、住民自治の力が高まるのであり、逆に、地域の多様な主体による

地域全体のまちづくり活動が活発化すればするほど、行政組織の活動も、より有効なものとなりやすい。その結果、地域力と職員力が自治体経営改革や議会改革を後押しする「力」となる。

　既存の自治体経営システムや組織構造を否定する、創造的改革を行うためには、首長が本気の姿勢を示し、職員自ら覚悟を示さなければ改革の実現はできない。

　地域は住民自治の充実を追求するため、多様な主体とのつながりのネットワークを強化することが、地域の持続性につながる。その二つの力により、住民と行政との協働を前提に、地域の中で安心して幸せに暮せる地域を築くための「自治体経営ビジョン」を示すことができたのである。

第2節
自立の道を選択した「大木町」が目指した政策選択

1　分権時代に相応しい行政経営と地域経営のシステム構築

紆余曲折の結果として「単独の道」を政策選択

福岡県大木町は、筑後平野のほぼ中央に位置し、総面積 18.4㎢、標高 4 〜
5 m の平坦な農村地帯の町である。福岡市の中心部天神から西鉄電車で 47
分、中核都市久留米から 20 分で結ばれ、郊外住宅地としての一面もある、
人口 14,000 人の町である。

町の全域に堀が網の目のように張り巡らされ、その面積は約 2.5㎢と町面
積の約 14％を占めている。堀を中心に農地と一定程度集約された住宅群が
点在し、豊かな田園空間を形成してきた。堀は、農業用水機能だけではなく、
生活排水機能、防災機能、景観機能、生物生息機能など、多面的な機能を持
つとともに、堀や農地が織りなす「食の景観」は、そこに暮らす人々にとっ
ての「癒しの景観」「ふるさとの景観」となっている。

無形の民俗文化に選定された、「川祭り」は、堀に新らしい水が流れ込む
4 月下旬頃、水神様への感謝、五穀豊穣、水難よけの祈りを込め、各地域で
行われている伝統的な祭りで、大木町の風物詩として今もなお受け継がれて
いる。

「平成の大合併」は、合併特例法の改正に伴い 1999 年からはじまり、
2010 年 3 月まで 11 年間にわたって、国主導による合併推進が行われた。

福岡県では、2000 年 12 月に「福岡県市町村合併推進要綱」を策定し、市町村合併の推進方策として、合併類型とパターン、合併支援策を示した。

　それを受け、大木町の市町村合併の動きとして、2 つの住民請求（法律に基づく住民署名）や三潴郡 3 町の任意協議会の設置、大川市との法定協議会の設置などの経緯があった。

　2001 年 12 月大木町議会に「三潴郡 3 町（城島町、三潴町、大木町）の合併協議会の設置を求める請求書」が町議会に提出され、城島町、三潴町との合併を模索した。しかし、住民アンケートの結果、両町は 久留米市との合併を望んだため実現しなかった。

　2002 年 12 月「筑後市と大木町との合併協議会の設置を求める請求書」が町議会に提出された。住民発議を受けて筑後市との合併について筑後市、大木町住民アンケートが実施された。その結果、筑後市議会において「筑後市と大木町との合併協議会の設置について」の議案が否決された。同年 9 月大木町議会の筑後市との議案否決を受け、一般質問で町長は、堀を中心とした田園文化が失われない大木町と大川市との合併を表明した。

　大川市と大木町の市町村合併協議会設置に向けた住民説明会が 4 回開催され、両市町の現状、新市のまちづくりの理念、重要施策の方向性が報告された。その結果、2004 年 3 月大川市と大木町において臨時議会が開催され「大川市・大木町合併協議会設置」について議案が提出され、可決された。

　そして、合併協議会を設置したが、合併後の公共料金などの巡り折り合いが付かず、合併には至らず、2005 年 3 月大木町定例議会の可決を受け「大川市・大木町合併協議会」を廃止した。

　大木町は、4 年におよぶ住民を巻き込んだ、市町村合併のあり方を巡り、紆余曲折の結果、合併せずに町政運営をしていく「単独の道」を政策選択した。

　最終的に単独の道を政策判断した理由として次のように考えられる。近隣の市町と比較し、2000 ～ 2010 年にかけて人口が増加傾向にあっこと。将来にわたり財政状況が良好と想定し、独自のまちづくりや政策を継続することが可能と判断したと思われる。

　大木町は、単独の道を政策選択した以降、町の独自性と個性を発揮する様々な政策を推進してきた。その事例を一部紹介しておく。

①子育て政策では、若年世代・子育て世代の更なる転入の促進を図るため、近隣市町とは異なる、出会い・結婚応援の取組みや、妊娠・出産から子育て期までライフステージに沿った切れ目ない支援を行い「総合的な子育て政策」の充実に努め、人口増加の要因となっている。

②循環型社会を目指し、2008年3月に「もったいない宣言」を公表し、「おおき循環センター『くるるん』」を中心に、行政と住民が協力して、循環型社会のまちづくりに取り組んでいる。宣言の本旨は、「もったいないの心を育てる教育」「町はリデュース、リユースを推進」「ごみの発生抑止など、法制度の早急な整備を求めていく」「2016年度までに、ごみの焼却・埋立て処分をしない町を目指す」ことを政策としている。

③田園環境と共生する暮らしと生産活動を目指し、2019年に「大木町の食の景観を守り創る条例」制定した。美しさと秩序のある風土の形成を図り、町民の豊かな暮らしを守るため、堀をはじめとした農産物の生産、堀は町民の快適な暮らしや豊かさを支える象徴として、まちづくりを推進してきた。

④下水処理にあたっては、公共下水道処理方式ではなく、し尿と生活排水を併せて処理する合併処理浄化槽方式を選択した。川や堀の水質汚濁を防止するため、大木町合併浄化槽維持管理協会を設立し、合併処理浄化槽を設置した住民とこれから設置を予定している住民も含めた「組合」として、会員の合併処理浄化槽が適正に維持管理されるようにサポートし、会員の負担を軽減することを目指している。加入率は95％（加入件数：2,469件）で、町独自の合併処理浄化槽補助金も充実している。

　このように、地域の実情に沿った独自の手法を駆使して、住民の豊かさを充足するため、政策・施策に創意工夫を凝らした個性が光る「オンリーワン」の町を目指してきた。

自治体経営の自立を目指した仕組みづくり

筆者がはじめて大木町を訪れたのは、2019 年 8 月である。「人口減少時代の地域政策のあり方～『地域と自治体』の自立を目指した自治体経営再構築～」と題した、講演が目的であった。講演は全職員を対象に 2 回開催、そして、町議会議員を対象に 1 回開催された。翌日、講演終了後、町長から、「人口減少、経済低迷の時代、小さな自治体が生き残っていくため、持続可能な自治体経営の仕組みと若手職員のスキル向上が不可欠である。特に、次年度期限がくる総合計画をコンサル任せでなく、職員の共同作業により策定したい」。是非、大木町の政策アドバイザー（2019 年 9 月～現在）として協力いただきたい旨、お話があった。全課の職員参加により作業を一緒に行うことを前提に、引き受けることとした。

早速、副町長、総務課、企画課、会計課財政担当からなるコアチームによる、ブレインストーミングを何度となく実施し、大木町の課題を炙りした。その課題を次のように整理した。

①庁議システムによる意思決定の仕組みがないこと。

②中期財政計画、行財政改革大綱、職員定員計画が策定されていないこと。

③根拠となる総合計画策定条例がないこと。

④事務事業の実施計画や行政評価などの仕組みがないこと。

⑤大木町は、地域振興 5 法（過疎、離島、半島、山村、特定農山村地域）の交付金、補助金特例措置の指定地域でないこと。

⑥地域には、自治会などの地縁組織は存在せず、「行政区長制度（注 2-5 参照）」による区長が「行政区」の統括を担い、住民自治の仕組みが脆弱であること。

⑦唯一、住民自治の仕組みとして、3 つの小学校ごとにコミュニティセンターが設置され、「校区活性化協議会」の存在があったことである。

自治体はすでに、総合計画をはじめとする様々な個別計画のもとで活動を行っている。各種計画群や様々な行政システムにより、個々の計画やシステ

ムは機能しているように
見えても、縦割り主義の
弊害などにより、システ
ムが全体としては効果的
に機能しているとはいえ
ない。

図表 2-9　「自治体経営の仕組み」

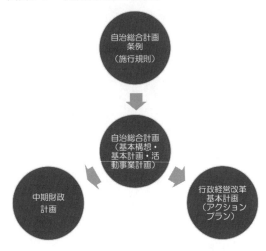

自治総合計画条例の制
定を踏まえ、自治総合計
画を最上位の計画と位置
づけ、目指す成果や成果
の達成状況をわかりやす
い情報体系として、様々
な計画群や行政システムとトータルな仕組みを形成し、機能させることと
した（図表 2-9）。

自治体経営上の課題をもとに、自治体経営のシステム設計にあたり、次の
ように留意点を整理した。

①地域の課題を解決し、まちづくりを推進する「根拠」となる自治総合計
　画条例を制定すること。

②自治総合計画を大木町の最上位の計画と位置づけること。

③効果的な自治体経営の仕組みづくりがされること（行政経営計画と校
　区づくり計画）。

④多様な主体による校区づくりが推進されること。

⑤自治総合計画を中心に、中期財政計画と行政経営改革計画（行財政
　改革大綱）との連携システムを構築すること。

⑥自治総合計画体系に指標を設置し、シーズンレビューの展開による「評
　価から考える経営」のサイクルを構築すること。

⑦庁議シスステムを改善し、意思決定の仕組みを明確にすること。

自治総合計画の前提となる経営環境診断

　個性を生かし地域と自治体が自立した大木町をつくるため、自治体経営の総合的、計画的な政策デザイン、羅針盤となる自治総合計画を策定する。

　自治総合計画の前提となる「経営環境診断」の実施にあたり、12課長（総務課、企画課、会計課、税務町民課、こども未来課、健康課、福祉課、産業振興課、建設水道課、環境課および教育委員会（学校教育課、生涯学習課）によるプロジェクトチームを設置した。

　経営環境診断とは、自治体経営上の課題を明らかにするために、現状を分析し、将来起こりうる事象を予測し、最悪の展望図を描く、その上で自らの地域・自治体の経営資源、地域資源や人材などを再評価をして将来予測される危険を防止する政策・施策のあり方を明らかにし、自治総合計画の政策・施策体系に反映させることである。

　経営環境診断の考え方に基づき、「地域経営と行政経営環境の未来予測」にあたり、経営環境診断調査案を示した（図表2-10）。

図表2-10　「総合計画の前提となる経営環境診断の考え方」

① 地域経営環境の未来予測	② 行政経営環境の未来予測	③トータル・システム診断
・3つの校区（大溝、木佐木、大莞校区）の地域構造、人口動向、高齢化、なりわい、歴史文化などが異なり、コミュニティ活動の実態や地域ごとの課題も異なる。 ・地域構造を把握・分析し、地域に将来起こりうる事象や最悪展望を読み解く ・既存のデータを活用、校区ごとのプロジェクトが存在する。	・将来人口予測を基礎要因に、行政経営（歳入歳出予測、扶助費と自主財源予測、職員構成の将来予測、行政コスト予測、社会インフラの更新費用予測等）の将来起こりうる事象を予測し、防止する経営方策を考える。 ・経営危機年表の策定 ・未来予測を見据えた自治体経営（行政経営と地域経営）の戦略を創る。	(1)行政システム診断 ・事務事業評価、行財政改革、予算システム、組織評価、人事評価、研修システムなど、予算編成や評価の仕組みがどのように存在し、機能しているかを把握・分析。 (2)個別計画棚卸 ・総合計画と個別計画との整合・連携の視点から把握・分析。 (3)意思決定機関、審議会等の診断 ・庁議や審議会等の運用状況、行政組織の状況、意思決定の仕組み等の把握・分析。

自治体経営(行政経営と地域経営)の実態と将来予測に基づく課題抽出と危機年表

大木町自治総合計画への反映(予測される危険を防止、自治体経営システムを構築)

図表 2-11　「経営環境診断調査将来予測リスト」

行政組織(課)	未来予測項目(事例案)
(1)行政部門 1　総務課	・職員数・年齢構成の予測、人件費総額の将来予測、正規職員と非正規職員に推移等
2　企画課	・人口将来予測（三階層）、校区別人口予測、世帯数予測(推移)、近隣市との人口将来予測比較、宅地開発面積の推移、農振農用地にの解除面積の推移等
3　会計課	・歳入・歳出将来予測、町民一人当たりの行政コスト予測、義務的経費の将来予測、町債残高将来予測、自主財源・依存財源の将来予測等
4　税務町民課	・住民税の将来予測、固定資産の推移（予測）、未納率の推移など
5　子ども未来課	・保育利用者数・申込者の将来予測、学童保育の利用者数の将来予測、幼稚園利用者の将来予測、保育園・幼稚園の経費（補助金、直営経費）の推移等
6　健康課	・国民被保険者数の将来予測、後期高齢者被保険者の将来予測、平均寿命と健康寿命の推移、法定受診率の推移、国民健康保険医療費の推移と将来予測等
7　福祉課	・介護保険第1号被保険者の将来予測、介護給付金の将来予測、介護サービス利用者の将来予測等
8　産業振興課	・産業別人口の将来予測(推移)、産業別総生産額の推移、耕作放棄地の将来予想、農業従事者の推移等
9　建設水道課	・道路・橋梁・上下水道の将来更新費将来予測、公共施設の将来更新費将来予測、社会インフラ等の建設年度別面積推移、給水人口と営業経費の推移、水洗化率の将来予測、クリークの維持管理費の推移等
10　環境課	・リサイクル率の将来予測（推移）、ゴミ処分量及び処理経費の将来予測、最終処分場の将来予測等
(2)教育委員会部門 11　学校教育課	・小学校・中学校の児童生徒の将来予測(校区別)、学童保育の将来予測、保育園待機児童の将来予測等
12　生涯学習課	・公民館・スポーツ施設等の利用者の推移、図書館利用者・貸出数の推移等

　各課は経営環境診断調査将来予測リスト（図表 2-11）により、2015 年～
2019 年の現状値を前提に、20 年後の 2040 年までの未来展望を予測する。
予測データは、エクセル図表で整理する。予測の前提は、人口の将来予測
（3 階層人口）、過去 10 年間の推移などから予測や推計を行うことにした。
　経営環境診断データをもとに課長自ら予測し、分析することに当初、戸惑
いを見せたが、徐々に作業になれてきた。
　そもそも行政組織は、もともと縦割りにするために、組織が構成されてい
る。一般的には機能別で組織が構成され、業務・組織の効率性を追求してきた。
しかし、課が独自の考え方を持って、他の課との調整を怠ることが多く生じ
てくると行政にも無駄が多くなり、矛盾が生じ、行政サービスが非効率に陥
る傾向が生じてきた。そうなると課と課の間には必ず、摩擦が生じてしまう。
ワンラウンドの作業が終わった節目に、地域経営と行政経営環境の未来予測
を公表し、チーム全体で議論を重ねた。課長らは実に有能で、データから読
み解く課題を的確に整理した。縦割り組織ごとの法体系に基づく業務習慣が
身体に染みつき、はじめは担当課以外の事象には興味を示さなかった。徐々
に自治体経営上の課題を組織全体で考える課題であると気づいた。その時か
ら、議論が活発化し、自分ごとを皆んなごととして考えていく雰囲気が醸成

され、地域経営と行政経営環境の未来予測に基づく最悪展望が整理された。

　ここで、参考として大木町における最悪展望の内容を紹介しておく。

〈地域資源の最悪展望〉

①人口減少、高齢化の進展と地域相互扶助力の低下により、町の中に張り
　巡らされてきた「堀」は農業用の利水、生活基盤の下水機能、田園景観
　の形成、堀と鎮守の森や神社が一体となった歴史文化を形成してきた重
　要な地域資源の維持が困難となる。

②気候変動、温暖化現象による環境への悪影響により、地域の脆弱性の危
　険性を拡大するリスクが潜んでいる。

③今後、49行政区ごとに設定されている集会場（地区公民館）や神社の
　老朽化と機能更新費用の問題が顕在化する。

⑤校区コミュニティの拠点である、3小学校体制だが2040年には、大莞
　小学校存続の危惧が顕在化する。

⑥住民の健康・食生活への関心が低く、将来予測から全国平均と比べると、
　男女共平均寿命と健康寿命が低く、県内一位の不健康な町である。

⑦第一次産業人口は、2019年と2040年を比較すると50％減少し、400
　人と推測され、基幹産業である農業後継者問題が深刻化する。

⑧2020年と2040年と比較すると総人口が12.7％減少、高齢化率が同
　年度比較で、29％から44％に上昇し、相互扶助力が低下し、地域の支
　え合いやつながりが低下する恐れがある。

〈行政経営資源の最悪展望〉

①正規職員数に対して76％が非正規職員で占められ、2040年には非正
　規の比率が92％に上昇、人件費以外の賃金（物件費）が上昇する。

②社会インフラの機能更新費の年額は、年平均12.25億円と予測される。
　大木町の過去10年間の投資的経費は年平均約6億～8億で、投資的経
　費の約4億以上の不足額が財政危機を招く。

③年少人口が2015年に2201人が、2040年には1402人と36.4％減少
　し、保育園・幼稚園、学童保育所、小中学校の施設規模の縮小、再編問

題が発生する恐れがある。

④扶助費の経年増加率（2008 年〜 2017 年の 10 年間の平均）約 5.2％が、2040 年迄続くと想定すると、歳出圧力が強まり財政逼迫が顕在化する。

⑤ 2020 年〜 2040 年の歳入・歳出の将来見通しから、2025 年以降、歳出超過となり、一般財源が不足する。

⑥公債費残高の将来予測によると、2040 年迄概ね約 37 億円前後で推移し、公債費残高が固定化（次世代負担）する恐れがある。

分権時代に相応しい「自治総合計画」という選択

このような社会環境の変化が進む中、2020 年度に期限が切れる総合計画に代わり、地域と自治体の「自立と自治」を目指す、自治体経営の羅針盤となる、分権時代に相応しい「自治総合計画」を新たに策定することとした。

それまでの総合計画は、基本構想の抽象化、財政的裏付けのない総花的計画となっていたことから、自治体経営の指針として、役割を果たせなくなり、人口縮小、財政縮小といった、縮小社会の進展に、対応出来ないものとなっていた。

大木町の「自治総合計画」とは、住民と行政との協働を基本に、地域づくりの目的と政策・施策手段、担い手（＝多様な主体の活動・事業主体）、財政計画が三位一体として体型化された総合的かつ計画的、戦略的な自治体経営の指示書として位置づけたものである。

基本構想に「町の将来像」と「経営ビジョン」を設定し、町の将来像、経営ビジョンを具現化するため、住民と行政が具体的にめざす方向や活動の状態を示す、象徴的指標として 25 の「めざす町の姿」を設定した。

〈町の将来像〉

・町の将来像Ⅰ　　『未来につなぐ　環境先進のまち』

・町の将来像Ⅱ　　『人と経済の好循環で　活力ある産業が育つまち』

・町の将来像Ⅲ　　『子育てしやすく　子どもが元気に輝くまち』

・町の将来像Ⅳ　　『だれもがいつまでも　幸せに暮らせる健幸長寿のまち』

・町の将来像Ⅴ　　『まちの個性が光る　暮らしと文化が育つまち』
・町の将来像Ⅵ　　『堀と自然が調和した　暮らしの基盤が整ったまち』
〈経営ビジョン〉
・地域経営ビジョン
　『住民自治が育ち　地域の力でまちづくりが推進されるまち』
・行政経営ビジョン
　『高い経営意識のもと　健全な行政経営が行われるまち』

　この自治総合計画は、各種個別計画群や様々な行政システム、中期財政計画などを束ねた総合的、戦略的な自治体経営の最上位の役割を担う計画である。そして、政策・施策、活動・事務事業を体系化し、達成すべき目標と、その政策・施策の手段・手法を明確にしたものである。

　特徴として、基本構想を具体化する基本計画を行政が責任をもって政策・施策を実現する「行政経営計画」と住民と多様な主体が連携してまちづくりを推進する「校区づくり計画」とし、住民と行政との協働を位置づけた。

　また、大木町の自治総合計画は、「自治体経営」の実践的な指示書としての役割を担うものであり、具体的には、次のような役割を果たすことを想定している。

　①地域と自治体の「自立と自治」をめざす総合的・計画的な政策、施策体
　　系と未来に責任を持つ財政基盤、財政規律を促す。

　②様々な行政システムを総合的に機能させる行政経営のトータルシステム
　　化を促す。

　③組織力、職員力が遺憾なく発揮され、行政組織の生産性向上を促す。

　④住民と行政との協働により、安心して幸せに暮らし、住み続けることが
　　できる町にするために、住民と多様な主体による地域づくりを促す。

　⑤住民と行政との協働を前提に、効果的な役割分担により、行政組織の活
　　動を通じ、行政経営と住民と多様な主体との協働による地域経営の相乗
　　効果を促す。

　このように、大木町の「自治総合計画（図表2-12）」では、住民と行政との協働を基本に、総合的かつ計画的、戦略的な自治体経営の指示書として位

置づけたものである。

「地域扶助力」を示す基本構想

　一般的に総合計画では、将来人口予測を明示し、人口減少に歯止めをかけることを前提に、人口維持や増加の目標を定めている。大木町では、地域活力の維持や地域の支え合いの強化の観点から、2040年の「地域扶助力の維持」を目標に定めた。

　たとえ、人口が減少しても安心して暮らせる活力ある地域社会を構築することである。そのためには、人口減少のスピードを緩やかにすることは勿論であるが、元気な高齢者が地域の担い手として活躍出来る環境づくりが重要となる。地域扶助力を一定の水準で維持することにより、地域の持続可能性が維持できる。

　地域扶助力は、「相互扶助力」と「高齢扶助力（元気な高齢者の割合）」で構成する。

　①相互扶助力

　　　町の相互扶助力（65歳以上の高齢者1人あたりの生産年齢人口数（15〜64歳）の割合）は、2015年2.26、2020年1.95、2030年1.75、2040年1.53、2050年1.32と、30年間で0.94ポイント低下する。

　　　相互扶助力を維持するためには、地域に暮らす生産年齢人口である担い手の維持、確保が必要であり、働く場所を確保するなど、若者の転出防止策、転入人口の増加策を講じていく必要がある。

　　　長期的数値目標として、相互扶助力を2040年に「1.65」以上の水準で維持することを目標とする。

　②高齢扶助力

　　　「第1号被保険者、認定者、介護サービス利用者予測」によると、介護サービス認定者数は2015年564人、2040年719人と、この間で25％増加し、認定率も15.4％から18.8％へと上昇し、健康寿命が低下している。高齢扶助力を高めるためには、健康寿命を向上させることが

図表 2-12　「大木町自治総合計画体系」

基本構想〈理念体系〉	・　地域づくりの基本理念・町の将来像と経営ビジョン、めざす町の姿 ・※「めざす町の姿の象徴的指標」の設定、自治体経営の効果的な推進 ・※計画期間 7 年（２０２１年度～２７年度）
基本計画 情報体系〉	・　基本理念、町の将来像と経営ビジョン、めざす町の姿を具体化する、部門の 　政策方針と政策/施策方針 ・※部門間方針、部門の政策方針を明示 ・※施策方針の基づき具体化するための計画と成果指標を設定 ・※前期 3 年（２０２１年度～２３年度）・後期 4 年（２０２４年度～２７年度）
活動事業計画 行動体系〉	・　政策・施策方針を具現化するための活動・事業計画 ・自治総合計画と中長期財政計画、予算編成システムの連動、総合化と実績指標を設定 ・※前期 3 年、後期 4 年、毎年度ローリング方式

出典：大木町自治総合計画

必要であり、健康づくりの推進策を講じていく必要がある。

　長期的数値目標として、要介護認定率を 2040 年に「15％」以下の水準で保つことを目標とする。

　地域扶助力を一定程度維持するには、住民と行政との協働を前提に、基本構想で示した、町の将来像、経営ビジョンを具現化するため住民と行政がめざす方向や活動の状態を示す、25 の「めざす町の姿」を実現することが重要となる。

　例えば、基本計画で掲げた、政策・施策である「妊娠から切れ目ない子育て支援」「子育てと仕事の両立ができる環境整備」「健康寿命の延伸」「食育の推進・健康づくりの意識向上」「高齢者の社会参加と生きがいづくりの推進」「移住・定住の促進」「雇用・就労環境の充実」など、政策・施策パッケージとして、部門間の連携により相乗効果を発揮し、大木町のポジショニングを見定めて「よそとは同じでない」政策・施策の「旗」を挙げ続けていくことが重要となる。

住民主体による校区づくりの推進

　地方自治の本旨は、地域のことは地域で考え、自ら解決する、それに対して自らが責任をもつこといわれている。

　しかし、住民の側面からみると全国的な傾向として、都市化の進展などに伴い、地域への帰属意識が薄れ、過去において住民自身で行われたことが、行政に委ねられ公的な分野における住民の主体的な活動範囲が狭くなっているといえる。また、政治や行政そのものに対する住民の関心が低くなっている感がある。

　人口減少、少子・高齢化の進む中、住民のニーズや価値観も多様化している。こうした課題やニーズに的確に対応するには、自治体が創意工夫を凝らし、地域の課題解決や地域づくりに対し、住民が主体的に取り組めるような地域内分権を進めることが重要となる。

　大木町は、地縁組織としての自治会・町内会の自治組織は存在せず、「行政区長制度（注-5参照）」をひき、区長のもと 49 の行政区が置かれている。町の区域は 3 小学校区に分かれ、大溝小学校区（21 行政区）木佐木小学校区（16 行政区）、大莞小学校区（12 行政区）により構成されている（図表 2-12）。

　行政区長は、町長が非常勤特別職の地方公務員として委嘱し、町行政の事務などの補助を行わせる行政協力制度である。区長の任務は、区の状況を把握し、町の広報紙配布や行政への要望をとりまとめなどの業務を担っている。しかし、地方公務員法の改正（2019 年 5 月）により行政区長を特別職の公務員とすることが認められなくなった。

　大木町は自治法改正と自治総合計画の策定を契機に、「地域のことは地域で考え、自ら解決し、地域自らが責任持つ」住民主体の住民自治をを目的に、

注 -5) 行政区長制度
この制度は、町政の円滑な運営のために、首長が各行政区から選出され 1 人に「行政区長」を委嘱し、行政の仕事を依頼するもので、非常勤特別職の地方公務員として委嘱する。

自治会組織のあり方を検討する。住民自らが自分たちの住む地域を、より暮らし易くすることを目指す仕組みとして、自治会（自治区）への移行を推進する。３年を目標に行政区長制度（行政区）を廃止し、住民自治本来の「自治会（自治区）」に移行することを決断した。

　平行して自治総合計画「基本計画」で位置づけた、「校区づくり」を推進するため、３校区ごとに自治会（自治区）をベースに各種活動団体、協議会、ＮＰＯが参加する「校区づくり協議会」を設置することとした。

　行政区長連絡協議会に対して、行政区から自治会への移行、それに伴う行政区長報酬のあり方、新設される自治会のあり方、支援策について意見交換が幾度となく行われた。その結果、行政区長の理解と協力を得ることができ、2023年度春までに自治会への移行が確認された。

　校区づくりについては、2021年６月「校区づくり会議（副町長、まちづくり課長、コミュニティセンター長、校区づく

図表 2-12　「大木学校区と行政区」

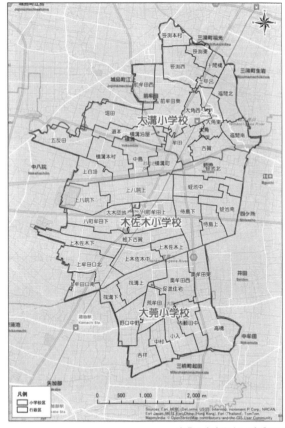

出典：大木町人口ビジョン

り担当職員、政策アドバイザーにより構成)」を設置し、校区づくり検討会のあり方、校区づくり計画の内容、校区で活動している「活性化協議会」との関係、コミュニティセンター機能の在り方について検討が行われた。

　他方、校区づくり会議を踏まえ、センター長、地域担当職員と校区の活性化協議会役員による、校区づくり検討会や校区づくり計画の内容などについて、意見交換が行われた。協議はコロナ禍の状況を見極めながら2年におよび、次のような方向性が確認された。

①校区に設立されている「活性化協議会」が母体となり、自治会（自治区）、校区内で活動する活動団体、各種協議会などの代表により「校区づくり検討会議」を設置する。

②活性化協議会が、校区の課題、将来のまちづくり像、まちの姿を実現する活動計画素案を作成する。

③素案作成にあたり、アンケート調査や活動団体ヒアリングなどを実施する。

④2022年1月〜2月迄に、校区づくり検討会を開催し、計画素案を提案し意見を集約する。また、アドバイザーを招き「校区づくりの必要性」に関する講演会を開催する。

⑤2023年春までに、活性化協議会が主体となって、校区づくり協議を設立し、校区づくり計画案など、提案することを確認した。

自治体経営を機能させる新組織体制

　自治総合計画に基づき、行政経営を機能させるため、計画の始動に併せ、庁議システムと組織体制を改革することを町長が決断した。

　多くの自治体は、行政機構内での連絡・調整・決定を目的として、主に首長及び直近部門長などから構成される会議体を「庁議制度」と位置づけている。

　庁議とは、首長の意思決定を支える会議体の意思決定の補完機構である。庁議の目的は、重要事項について「審議」「協議」「総合調整」「決定」「組織の情報交換」を担う会議体である。

　首長は、会議体、組織、職制の三つの手法を組み合わせながら庁内ガバナ

ンスの確立を目指している。庁内ガバナンスには、次のような様々なスタイルが存在する。

①首長の意向を明確に指示し、反映するように各手法を集約するスタイル（集約型）。

②首長からは大枠を示した後、各部局や個々の職員が大枠に基づき行動するスタイル（分散型）。

③両者を組み合わせたスタイル（両立型）。

庁議の仕組みは、自治体の中で特定のスタイルを固定するものではなく、時代の推移でスタイルは移り変わり、いずれも行政機構を統治するため、様々な工夫が凝らされている。

大木町には、会議体としての庁議システムが、明確には位置づけられていなかった。自治総合計画を中心とし自治体経営のトータルシステム化を目指すため、新たに庁議システムを整えることとした。

町長、副町長、教育長と主要な課長で構成する「経営会議」とする。経営会議は、重要事項の調整・決定を担う会議体である。その下に、連絡、情報交換を目的とした、全課長が出席する「経営全体会議」を位置づける。

もう一つは、町長、副町長、教育長及び全課長、政策アドバイザーで構成する「経営戦略会議」とする。経営戦略会議は、自治総合計画の進捗管理、基本構想・基本計画の見直し、事務事業と予算編成、自治体経営改革アクションプランと中期財政計画の進捗管理を目的とする会議体とした。

更に、分権時代に相応しい、住民目線、地域目線を踏まえ、自治体経営を推進する上で、縦割り組織の弊害が指摘されており、課係間の業務量の不均衡、相互の連携、支援体制がとりにくい状況にあった。

課係間の業務量の不均衡、相互の応援態勢がとりにくい状況になることなどから、現在の課を統廃合した、グループ・チーム制を導入することとした。

現在の課（町長部局10課、教育委員会2課、議会事務局）を統合・再編して7課制（総務課、まちづくり課、税務町民課、建設水道課、産業振興課、健康福祉課、子ども未来課）とし、業務量や自治総合計画の政策・施策に応

じた、柔軟な職員配置や事務の分担が可能となる「グループ・チーム制」を導入することとした。

このような、組織機能の見直し案を踏まえ、2021年12月議会に、現在の課設置条例、行政組織規則、教育委員会事務局組織規則の改正案を上程し、可決された。

自治総合計画を中心にした、自治体経営の仕組みを構築するため、庁議システムと組織機能を再編し、町のガバメント機能を強化する仕組みが整ったのである。

2　自治体経営をどう変革させたか

（1）職員の意識変革

大木町は、「自治総合計画」の策定を踏まえ、「経営戦略会議」において、トータルシステムの試行を2021年度からスタートした。

行政システムに関わる年間スケジュール（図表2-13）を経営戦略会議において共有し、次の切り口からトータルシステム化を推進している。

①年間スケジュールの連動化

　「行政システムの統合化」として、評価、目標設定、重点化、予算化、事務事業実施、進捗管理など、効果的に連動させるため、年間スケジュールを共有する。

②スプリングレビュー

　スプリングレビュー（5月下旬）では、「やり方の改善」として、予算執行にあたり前年度獲得した、活動・事業予算について、改善余地がないか、点検・検証し、事業規模の縮小、事業内容の変更、経費削減の方法について内部で検証する。

　　人事評価との連動として、自治総合計画の政策・施策と活動事業計画
をいかに推進するかの観点から、政策・施策、活動・事務事業について、「課
の経営方針」を課内で共有し、その経営方針に基づき、個々の職員の取
組み目標を設定し、説明責任を明確化することで、自治総合計画の「め
ざす町の姿」を実現する。

③オータムレビュー

　　オータムレビュー（10月下旬）では、「やることの改善」として、現
年度の指標の変化やデータを評価して、やること（活動・事業）が妥当
かどうか、検証した上で、「やることの改善（活動・事業計画の見直し）」
を行い、次年度の活動・事業計画を見直し、予算に反映させることで事
業のスクラップを推進する。

④政策パッケージの連携

　　住民ニーズや価値観の多様化が進み、これまでのような縦割り組織の
政策・施策だけでは、十分な成果が得られにくい。政策パッケージは、
住民目線に立った政策・施策を実現するため、部門間で関連する施策、
活動・事務事業を連携し、展開することで、相乗効果を発揮する。政策
の主管課は、他の部門と施策、活動事業で連携を図り、政策パッケージ
の進捗管理を行う。

⑤自治総合計画の見直し

　　自治総合計画では、計画に記載された「政策・施策」に位置づけられ
た、活動・事業のみ予算措置が可能な仕組みとした。社会状況の変化に
より新たな課題に対応する政策・施策が基本計画に記載のないもの、新
規に策定された個別計画については、経営戦略会議において検討を行い、
基本計画の政策・施策の見直しを行う。

　このような視点から、経営戦略会議における全課長との協議を通じて、職
員の意識変革により、「どのような成果が生まれ、達成されたか」あるいは、
「どのような課題が新たに生まれか」について振り返る。

　行政経営環境診断において、プロジェクトでは、「税収減と扶助費増加に

図表 2-13　「行政システム年間スケジュール」

	4月上	4月中	4月下	5月上	5月中	5月下	6月上	6月中	6月下	7月上	7月中	7月下	8月上	8月中	8月下
議会					▓		新任議員レク／総合計画と予算に関すること								
監査												▓			
人事評価	▓	▓	▓												
スプリングレビュー		▓	▓		ヒア										
主要な施策の成果		▓	▓	▓	▓		▓	▓							
6月補正入力			★		▓										
9月補正入力									★				▓	▓	
12月補正入力															
オータムレビュー															
ファシリティマネジメント計画															
新年度予算入力															
新年度歳出予算案決定															
決算見込み額調査															
3月補正入力															
経営戦略会議							活動事業評価審議								
アクションプラン進捗／政策パッケージ進捗		▓							▓	▓					
幹部会			★						★						
後期計画作成			各課後期計画分析・検討・作成		審議会①5/19 ／議会へ見直し作業の説明		経営戦略会議 ／骨格案完成		後期計画(案)完成	経営戦略会議			審議会②		

84

	9月 上	中	下	10月 上	中	下	11月 上	中	下	12月 上	中	下	1月 上	中	下	2月 上	中	下	3月 上	中	下
	■	■								■										■	■
								■													
																■	■				
																					★
		★			■																
		★		■	■			ヒア													
				■	■			ヒア		■	ヒア										
		★		■	■					■											
											ヒア		■								
												★		■	■						
												★		■	■						
予算編成方針 次年度事業共有																	予算案総括				
				アクションプラン前期評価															アクションプラン年評価		
		★									★									★	
経営戦略会議								議会報告(全協)													
								審議会へ報告(書面)													
後期計画完成																					

よる財政の制約や社会インフラ劣化への再投資の必要性から、様々な限界や必要性のもとで、持続可能な自治体経営のあり方」を共有した。

　しかし、経営戦略会議において、各課長のレビュー結果報告から、「やり方の改善」「やることの改善」提案がなく、活動・事務事業の継続が全てで、事業のスクラップや事業の統廃合はゼロであった。

　結果として行政評価の効果が全く発揮されず、残念ながら試みは失敗に終わった。

　このような状況を踏まえ、事務局とアドバイザーによる、行政評価の検証を行い、次のように課題を整理した。

①課長と課員との行政評価に関する意思疎通がなく、施策・事務事業を巡る議論が課内でほとんどされず、担当者による意見のみが記されている評価の改善。

②地元有力者、議員の顔がちらつき事業を見直し、スクラップすることへの職員の拒否反応が強い。

③事業課の補助金確保の見通しの甘さが「最大見込額（甘い見積）」の予算を計上。

④職員が歳入・歳出ギャップを意識せず、不足分は財政調整金からの繰り入れで賄う、組織風土が蔓延。

⑤活動・事業計画の事業内容は、旧総合計画の事業計画のコピー (継続) が大半で、棚卸しがされていない。

　このような、事務事業と予算に関わる、組織構造的な課題、組織内の意識改革の欠如があらためて浮かあがった。

　検証結果に基づき、次年度に向け、行政経営トータルシステムの運用の改善を目指し、具体的な対策を、次のように取りまとめ、実行することとした。

①「行政評価」は、何を目指しているのか、職員に浸透していない。

　　　対策として、「行政評価」で何を具体的に目指すのか、全職員を対象に研修の充実と徹底を図る。

②課内で、各種指標の状況を踏まえ、施策を具現化する事業の「やり方」「や

ること」の改善に係わる職員と組織内での意見交換を充実し、職員が真
摯に議論できるプロセスを明確にする。

③事業スクラップの目的は、必要性が低い業務等を優先順位を付けて減ら
　すことを目指す。

④普段から、まち全体の利益を考え、「まちの目指す姿」を共有し、縦割
　り行政の弊害、仕事の押し付け合いを改善する。

⑤特定の考え方や価値観が業務改善を妨げている。従来の仕事の方法につ
　いて常に疑問を持てる職場の環境づくりを目指す。

⑥自治総合計画審議会による、職員の内部評価結果を検証する、外部評価
　制度を導入する。

　このようなことを通じて、組織の変革には、時間を要することを、あらた
めて実感した。組織体質は、仮に改革意識が高い職員がいても、上司に問題
意識がなければ、職場での議論どころか、意見さえ通らない。いくら説得し
たところで「そう言うな」という言葉で終わってしまう。当然そういう有能
な若い職員は、逆に評価されなければいけないのに、「出た杭」は打たれる
のが現実である。

　管理職と次世代を担う職員の意識変革がなければ、組織内部の合理化、生
産性向上は実現できない。粘り強く、改革の「旗を振り続ける」首長と担当
職員をサポートし、時には苦言を呈する嫌われ役を担う、筆者のような外部
の政策アドバイザーの必要性を改めて実感した。

（2）行政経営システムの構築

　自治体経営の実態を改革するには、社会経済情勢の変化に、的確に対応す
るとともに、効果的、効率的な政策・施策展開により質の高いサービスが提
供できる組織を目指し、行政の仕組みやあり方などを改革する必要がある。

　大木町の行財政改革にあたっては、組織内部の合理化と住民サービスの質
的向上、公共サービスの担い手の拡大という矛盾する課題に挑戦すること

である。職員がこのような問
題認識を共有し、事務事業や
活動を通じて、自分の仕事の
コストと成果を意識し、業務
に係わる行政サービスを点検
し、無駄を排除するなど、能
動的に政策・施策、活動・事
務事業について考える、組織
環境の改善の観点から、改革
を進めていく必要がある。

図表 2-14　行政経営システムの仕組み

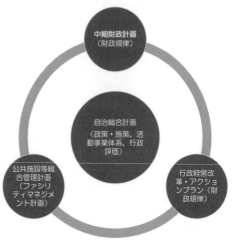

　行政経営システム（図表
2-14）の仕組みは、条例で定
めた「自治総合計画」を最上位計画と位置づけ、政策・施策と活動・事業体
系をもとに、中期財政計画と活動・事業計画とを整合させた仕組みとなって
いる。つまり、自治総合計画で位置づけのない施策と活動・事務事業は予算
措置ができない仕組み（財政規律）となっている。

　自治総合計画体系に各種指標と行政評価の仕組みを有し、毎年度「施策と
活動事業」のスクラップを行う。また、行政経営改革計画アクションプラン
により、「改革の実行項目（行政内部の合理化、公共施設の担い手拡大方針）」
と「改革の課題項目（公共施設の統廃合、アウトソーシング方針）」を具体
化する仕組み（政策規律）である。他方、中期財政計画に示された財政規律
による財政健全化方針とし、公共施設などの再投資のあり方を示した、「公
共施設等ファシリティマネジメント計画」を中期財政計画体系に位置づけ、
整合を図る方針とした。

　経営戦略会議において、2023 年度を目標に、アクションプランで、指定
された、5 つの課題項目、「学校給食の課題」「学校プールの課題」「町営保
育園の課題」「健康福祉センターの課題」「庁舎西別館の課題」について検討
をはじめた。

担当課長に依頼したことは、学校プール施設の建て替え時期を迎え、老朽化対策が必要になっており、中期財政計画から全て建て替えていくことは財政的に非常に困難な状況にある。

例えば、学校プールのあり方として、教育上の位置づけ、地域特性、学校教育の質の確保 、教職員の負担軽減、財政健全化とコスト削減などの観点から政策・施策のあり方（全校存続、統廃合による拠点方式、民間スポーツジム活用など）を検証するデータ、材料を集め、方針について議論し、結果を導くことである。しかし、経営戦略会議での議論は、存続を前提に、存続するためのデータを集めて報告するなど、本末転倒の議論が何度となく繰り返された。

職員の想いは「面倒くさいことはやりたくない」「住民や議会への無用な説明は出来ればしたくない」「ＰＴＡとの軋轢をつくりたくない」「何も変えたくない」が本音であった。

幾度となく、必要なサービスを提供するめに、様々な視点から、政策施策をよりよくするための検証、評価を行い、ベストな手法を選択することの重要性を説くなかで、職員にほんの少しずつではあるが、意識変化の兆候が見えてきた。

（3）住民自治と地域内分権

大木町では、2012 年 11 月大莞校区で「ふるさと大莞活性化協議会」が設立された。2014 年に大溝校区で「大溝活性化委員会」、2018 年に木佐木校区で「木佐木活性化協議会」が設置されるまで、6 年間を要した。

ふるさと大莞活性化協議会は、区長会、公民館、ＰＴＡ代表、保育園長など 28 名で構成している。活動は校区コミュニティ運動会、大莞秋の文化祭やひかり祭、歳末防犯夜警等、校区交流を目的とした行事を主にしている。

大溝活性化協議会は、区長会、民生児童委員会、ＰＴＡ、防犯組合代表など20 名で構成している。活動は活性化協議会を主体に、石丸公園堀干祭事業、

ホリーナイト事業、桜祭事業等、校区伝統行事を主にしている。

　木佐木活性化協議会は、区長会、ＰＴＡ代表、老人クラブ、育成会、婦人会、民生委員など 20 名で構成している。活動は全体会議の他、福祉部会、安心安全部会、交流部会の３部会を中心にしている。

　また、校区には社会福祉協議会による「ささえ隊」、教育委員会による「学校運営協議会」、シルバー人材センターによる「高齢世帯ゴミ出しサービス」などが別途活動している。

　大木町では、校区の生活や暮らしを守るため、校区の課題解決や将来のまちづくりに向けた活動を担う、自治総合計画で位置づけた「校区づくり協議会」の仕組みが必要と考えていた。

　このような方針により、活性化協議会に対し、自治総合計画・基本構想「めざす町の姿」を住民と行政との協働で実現するため、活性化協議会を母体に自治会（自治区）、各種協議会、活動団体で構成する「校区づくり協議会」に移行し、校区の課題、校区のめざす姿（将来ビジョン）を、実現するための活動計画を主とした「校区づくり計画」の策定を提案した。

　提案を契機に、３校区ごとの活性化協議会と行政とで喧喧諤諤とした議論が交わされた。筆者も３校区ごとの「校区づくり検討会」に２度参加した。地域の持続性を維持する、住民主体のまちづくりのあり方を巡り、各活性化協議会と行政との議論を通じ「どのような成果が生まれ、達成されたか」あるいは、「どのような課題が新たに生まれか」について振り替える。

　活性化協議会と行政との議論による論点を、次のように整理した。

①校区づくり計画とは何か、活性化協議会が実践してきた活動との違いは何か。

②活性化協議会と校区づくり協議会との違いは何か。

③行政の上から目線で地域運営組織（校区づくり組織）を何故、つくらなければいけないのか。

④地域住民からは「何も困っていないのに、何故「地域運営組織（校区づくり組織）」を立ち上げる必要があるのか。

⑤何故、地域住民による「共助」「互助」による、地域課題の解決が必要
　なのか。行政の仕事を「住民」「地域」に押しつけるつもりではないのか。

　このような意見や疑問に対し、3 校区ごとの校区づくり検討会議において、政策アドバイザーから、現在の活動の主体は「団塊世代」が中心で、2025年には、後期高齢者となり、50 ～ 60 代の次世代の担い手が乏しい状況下にある。高齢化単身世帯、高齢世帯の増加により、世帯内の扶助力が弱まり、多くの地域課題が生じ、新たな課題が発生しようとしている。

　例えば、「少子化に伴う社会活動の減少」「高齢化に伴う担い手不足の顕在化」「移動の困難化による活動への参加機会の減少」「世帯構成の変化による育児や介護に悩む夫婦の増加」「地域に伝わる伝統的な行事や祭等の社会活動の減少」など、リスクが顕在化してくる。

　そこで、校区ごとの活性化協議会が中心となり、新たに設立され自治会（自治区）や各種協議会、活動団体、企業などが参加する校区づくり協議会を設置する。校区活動を担ってきた、活性化協議会のバージョンアップを図ることで、活動が継承されることの重要性を説明した。

　このような、意見交換を通じて、活性化協議会と行政とのわだかまりや誤解が氷解し、校区づくりの方向性を共有することができた。

　その後、活性化協議会と校区担当の 3 名の職員との連携もスムーズに進展した。校区づくり計画の素案づくりにおいては、校区の弱みと強みについてワークショップの整理をもとに、アンケート調査、課題別会議など、創意工夫を凝らし、校区の課題、将来ビジョン、活動計画の素案が取りまとめられた。

　紆余曲折が 2 年間続いたが、地域の持続性と自立に向け、自分ごとを皆なごとと捉え、「人と人とのつながりのネットワーク」を機能させ、価値共創の好循環を生み出すことを期待したい。

　ようやく、自治総合計画で目指した、地域の持続性と自治体に自立に向けた、住民と行政との協働の仕組みが徐々に始動をはじめた。

〔コラム②〕
住民による「気づきと地域力」が組織体質を変える

　地方分権以降、多くの自治体は、自治基本条例などを制定し、住民と行政との協働や住民間の協働のあり方を見直すことにより、「地域経営のかたち」を構造的に改善することに取り組んできた。

　地方分権以前は、自治体職員の実態は、住民からは見えにくく、それが住民から見た自治体職員像を著しく片寄ったものにしていた。地方分権によって新たな権限を付与され、地域社会において存在感を増した自治体職員は、住民から直接「政策の正統性」を問われ、住民の「理解と納得」なしには、効率的で効果的な自治体経営を行う上で、困難性が増してきた。

　住民自治の充実、地域内分権、まちづくりや公共施設の統廃合などを通じ、地域社会における行政の意思決定に、住民の関与が及ぶようになったことから、住民と自治体職員の協働の場が一挙に拡大し、自治体職員は住民からより見えやすい存在になってきた。

　このような観点にたてば、住民の生活者、活動者としてまちづくりに関する「気づき」や行政職員・組織を見る眼力が行政組織風土を変える「地域力」となり、役人気質と体質の岩盤である「組織・職員の価値観や行動基準」を突き崩す力となる。

　筆者が大木町で、住民と係わる中で「気づき」と「地域力」の凄さを感じた出来事があった。一つは、自治総合計画審議会において、2023年の行政組織の「内部評価」結果に対する、審議会での「外部評価」の場面である。内部評価の結果、活動・事務事業は全て継続であった。外部評価では、効果が見られず、地域への寄与効果がない、活動・事務事業は無駄であり、廃止すべきであるとの意見が総意であった。審議の結果、審議会において活動・事務事業の廃止を結論づけたものが3事業あった。

　その結果を所管課が各課に報告し、2022年度の経営戦略会議におい
て、外部評価の厳しい結果を踏まえ、3つの活動・事務事業が廃止され
た。行政評価においてはじめて、廃止が実現した。住民の気づきと眼力
が活動・事務事業を廃止に追い込んだのである。

　もう一つは、校区づくり検討会議の場面であった。当初、行政は校区
ごとの活性化協議会を廃止し、新たに校区づくり協議会を設立すること
を考えていた。活性化協議会は、それぞれ4年〜10年の活動実績があ
ること。地域の人材や地域での活動の実態を熟知していることを踏まえ、
活性化協議会の意見として、協議会を母体に、自治会（自治区）や協議
会、活動団体を差し込み、組織のバージョンアップを図ることを主張し
た。この議論を通じて、行政は、地域のことは地域の判断に任せること
が良いと判断し、地域力に裏付けられた、活性化協議会の主張に賛意を
しめさざるをえなかった。このことが契機となって、校区づくりに向け
た、主体的な活動へとつながった。

　この事例は、住民の「気づき」と「地域力」がまさに「役人気質と体
質」を突き崩す力となったのである。

　住民の「気づき」とは、住民の生活者の視点を通じ、地域への関心力
や地域経営に係わる行政活動に対する監視力により培われるものであ
る。「地域力」は、地域における環境条件や地域組織及びその活動の積
み重ねによる関心力と地域の住民自身が地域の抱える問題を自らのこと
と捉え、地域の組織的な対応により解決する自治力から形成されると考
えられる。

　地域社会の問題について、住民一人ひとりのまちづくりに対する気づ
きをもとに、住民や活動団体、企業をはじめとした地域の構成員が、自
らその問題の所在を認識し、自律的に協働を図り、地域問題の解決や地
域としての価値を創造していくための地域力が醸成される。その過程に
おいて、行政を引き込み、職員が住民との協働プロセスを通じ、真摯に向
き合うことで、「役人気質と組織体質」を突き崩す力となりえたのである。

　職員が地域との係わりを深め、地域からの発想に依拠し、住民生活を
直視する姿勢が、地域の持続可能性を形成する第一歩となる。

第3節
3つの禁止令による「東川町」が目指した政策選択

1　3つの「ない」を逆手にとった定住人口・交流人口拡大戦略

独立自立の道を選択

北海道上川郡東川町には、3つの道「国道、鉄道、上水道」がないが、他の都府県には、絶対にない大きな道「北海道」がある。そう自慢しているのが、「写真の町」東川町である。

北海道の峰といわれる大雪山連峰の最高峰旭岳（2,291m）を頂く、上川

図表 2-15「東川町の田園風景」

出典：東川町観光パンフレット

盆地に位置する人口 8,500 人、区域面積 247㎢の町である。豊富な森林資源と優れた自然景観は、観光資源として高く評価されている。道北の中核都市旭川市の中心部から車で約 25 分（15km）、旭川空港から約 10 分（5km）の距離にあり、気候は寒暖の差が大きく、夏は暑く、長い冬は氷点下 20 度以下になることもある（図表 2-15）。北海道内では、このようなまちは珍しくないかもしれない。

　東川町は、2002 年から 2004 年頃にかけて旭川市を中心とした周辺市町村との「平成の大合併」の議論が広く展開された。役場の職員だった松岡氏が、合併反対を掲げて町長選に出馬し、見事当選を果たしたことにより、東川町は 2005 年に単独自立の道を選択した。

　町の経営戦略を「受身姿勢」から「積極姿勢」に意識を変え、東川町の素晴らしい自然環境の条件を生かした取り組みがスタートしたのである。松岡町政下で、文化や自然を重視する東川らしい施策の数々は、次第に全国から注目を集めるようになっていった。

　筆者が始めて東川町を訪れたのが 2014 年 11 月であった。今や北海道内

図表 2-16「個性溢れる魅了的な店舗・公共施設」

モンベル（アウトドア専門店）　　YAMATUNE（靴下ショップ）　　バウ工房（木工工芸品）

北の住まい社(レストラン・ショップ)　　東川町文化ギャラリー　　　　東川小学校

のみならず、道内外からの定住者が増え、約20年で人口が約14％増加している。

　このまちで暮らす人々には、「Life（くらし）」のなかに「Work（しごと）」を持つという自然なライフスタイルを大切にしている方が多い。まちには、60以上の個性的なカフェ、飲食店、ベーカリー、ショップ、工房などがあり、それぞれの「小さな経済」が成り立っている（図表2-16）。人びとのライフスタイルと小さな経済が連鎖し、まちを活性化させる豊かな生態系が形成されている。

「写真の町」が職員自立の種を蒔く

　1970年に人口8,200人の町が、1975年に7,600人に激減し、過疎化と地域経済振興が問われていた。当時、まちおこしのために、各市町村では「一村一品運動」が盛んに行われ、1988年には、竹下内閣が「ふるさと創生資金」1億円を全国自治体にばらまいた時期であった。

　東川町が打ち出した「一品」は「写真」。写真映りの良いまちを目指そうというものであった。その背景には、東京のイベント会社の社長が旭岳を登山し、写真映りの良いまちを実感したことがあった。まちおこしの企画を商工会に持ち込んだがお蔵入りした。その後、当時の町長がお蔵入りしていた企画案に目をつけ、1985年「写真のまち宣言」を行った。

　以来、イベント会社への委託を通じて、1985年から「東川町国際写真フェスティバル」が毎年開催され、会期中に「写真の町東川賞」などの5部門について国内外の写真家に対し、賞金を出して広く顕賞してきた。

　次の町長は、選挙公約で「写真の町」のイベントを中止することを提案し、当選を果たした。町内にはイベント会社に莫大な委託費を投下しても「地域の経済は活性化しない」「写真では飯が食えない」などの風潮が蔓延していた。新町長は関係機関や団体、霞が関を訪問して、名刺を差し出すと「写真の町東川の町長ですか」と問われ、改めて町外の人たちに、東川が知れ渡っていることに気づいた。

「写真の町」の存在を実感した町長は、1985年に制定された「写真の町条例」と「写真の町宣言」の意議を勘案し、徐々に存続の方向性に向かっていった。

12回大会直前にイベント会社が倒産し、急遽、コンサル任せから町中心による運営が余儀なくされた。職員らが試行錯誤の中から、「町民参加」「地域ぐるみ」の発想により、職員はみなセールスマンとして活動することで、経営感覚が研ぎ澄まされ、ピンチが自治体経営を大きく変えるきっかけとなった。

このことが契機となり、「写真甲子園（図表2-17）」事業は職員自らによる、写真連盟、高校の写真クラブへの訪問、スポンサーとの交渉、資金の手当て、ボランティアの動員、おもてなしなどを通じて、次第に町に活力を呼び込む気風が醸成さてきた。そして、自分たちが対応すれば、何千万円の予算が削減され、町民参加、ボランティア参加による手作りのイベントが交流人口の増加と住民意識の高揚につながったことを住民や職員が実感したのだ。

3つの禁止令による自立的組織風土の醸成

2003年に町長選に当選した松岡町長は、職員に向けて「お金はない」「前例はない」「他の市町村でやってないこと」の3つの「ない」を廃することを宣言した。「東川らしさ」を重んじる視点から、移住支援、子育支援、高齢者支援、高速インターネット整備や東川小学校建て替え問題など、新規事業に取り組むために2008年に緊縮財政から積極財政に転換することにした。

課題の財源確保について、庁内に「財政研究会」を立ち上げ、国の財政の仕組みを徹底的に研究し、活用できる交付税のメニュー、補助金などがないか、積極的に情報収集をはじめた。2010年度から4年間に職員が一人ずつ2年交代で内閣府に出向し、国の政策立案、予算編成作業などを直接学ぶことができた。

交付金、補助金など国の制度を詳細に研究すると、東川町が活用できる余地がまだあることがわかってきた。例えば、辺地債（注-6参照）は過疎債以

図表 2-17「高校生たちの写真甲子園」

出典：写真甲子園フェスティバル

上に有利な起債で、東川町は過疎地域の指定からはずれていても、人口が多い市街地を除いた、農村部や山間部の公共事業では、辺地債が活用できることがわかった。

また、国のふるさと納税制度を独自にアレンジした「ひがしかわ株主制度」や株主が東川のまちづくりに町外から関わってくれる「特別町民制度」により、返礼品とは別に町を訪れた際に、「株主証」を交付し、無料で宿泊できるなど、様々な恩恵を受けられるユニークな取組みをスタートさせた。

辺地債を活用して町の道路・橋などのインフラ整備、町民福祉の充実や旭岳クロスカントリーコース整備など、次々と生活環境整備に投資を行った。

東川町の個性豊かなユニークな事業として、2014 年に開設した東川小学校移転・新築事業がある。近隣からの移住者が増え、子育て世代の人口が増

注 -6) 辺地債
辺地対策事業債は、充当率が 100％で、元利償還金の 80％が普通交付税の基準財政需要額に算入される、大変有利な財政措置のある地方債である。

加している背景を踏まえ、豊かな自然を活かした教育環境を整備したい。そ
んな思いで地域交流センターを併設した東川小学校を開校した。併設された
地域交流センターは、東川小学校が地域の学習拠点となるように、交流プラ
ザ、多目的ホールなどの機能を有し、地域交流センターに隣接する特定地区
公園と連携し、自然豊かなこの地域ならではの教育の場とした。

　他方、移転・新設された東川小学校の旧校舎を再利用し、全国ではじめて
開設した「町立東川日本語学校」を2015年に開校した。東川日本語学校で
は単に日本語を教えるだけでなく、日本の生活習慣を学ぶ機会や、茶道体験
などを通じて日本人の心を学ぶ機会を設けている。

　特に、留学生には小中学校の国際交流教科の時間や、地域の盆踊り、敬老
会などにも積極的に参加してもらい、住民との国際交流を深める交流人口拡
大の役割を担っている。

　このような辺地債などを活用し、積極財政に転じてから、2007年度に
42億余りの歳入が、2018年には93億に財政規模が拡大していった。

交流人口拡大戦略

　東川町は、「写真の町」を通じて、行政経営に徹底的に磨きをかけ、「自分
の町を誇れるまちにしなければ交流人口は増加しない」と、経営方針を掲げた。

　「写真の町」事業を担当していた職員の話によると、「異口同音に『写真の町』
宣言20年で築いてきた人脈がある」と話してくれた。そして、「人口の定
義の中に交流人口（注-7参照）」を加えて定義することはできないだろうか」
とも語っていた。

　交流人口を町としてどのように定義するのかを職員が検討を行った結果、
人口目標を定住人口8,000人、今までの人脈などを生かした交流人口2,000

注-7）交流人口
　その地域に訪れる人、または交流する人のことで、その地域に住んでいる人（定住
人口）に対する概念である。その地域の訪れる目的として、買い物、文化鑑賞、創造、
学習、観光、レジャーなど、特に内容は問われないのが一般的である。

人、合わせて 10,000 人となるように、町の政策目標を定めた。

　東川町で展開さている地域の実情に沿った独自の手法・仕組みを駆使した交流人口拡大戦略について一部紹介しておく。

①東川町国際写真フェスティバル

　　7 月末から 1 ヶ月間に、写真に関連するイベントをいくつか開催している。それらを総称して「東川町国際写真フェスティバル」と呼び、写真の町として、1 年間の集大成と翌年への新しい出発のための祭典である。この期間に、写真の町東川賞の授賞式、高校生国際交流写真フェスティバル、受賞作家の作品展、フォーラム、ストリートギャラリー、フォトコンテスト、赤レンガ公開ポートフォリオオーディションなど、東川町を代表するイベントが開催されている。

②「REUNION 〜再会」

　　写真甲子園に参加した、OB・OGが参加して集うイベント「REUNION 〜再会」が、毎年 2 月に 2 泊 3 日の日程で開催されている。イベントの概要は旭岳スノーシュー体験、撮影ツアー、開会式・解散式が行われ旧友を温め、東川町に再訪することを目的としたイベントである。

③ひがしかわ株主制度と特別町民制度

　　東川に興味を持った株主が実際に町内まで足を運んでもらうための仕掛けである。株主に株主証を発行し、優待品や配当とは別に、町内を訪れた際に無料で宿泊できる施設を用意するとともに、株主証を示すとさまざまな特典を受けられる。2015 年からは毎年 10 月に株主総会を開き、植樹などまちづくりに直接参加できる機会を設けている。

④交流人口を増やす「接点」づくり

　　2020 年 8 月より旭川駅前にオープンした、北海道東川町のアンテナショップ「東川ミーツ」に続き、第 2 弾として同年 9 月に旭川空港ビルに「東川ミーツ」コーナーが新設された。「モノを売るだけの場所」ではなく、モノが生まれるまでの過程も含めた「東川町」との「接点」を目指した、交流人口拡大のアンテナショップの拠点である。

⑤個々豊か魅力ある起業者による店舗群

　　起業者による、個性的な60以上のカフェ、レストラン、ベーカリー、セレクトショップ、工房などが相次いで開業し、旭川など近隣からの　人を呼び込む誘客装置となっている。そして、人びとのライフスタイルと小さな経済が連鎖し、まちを活性化させる豊かなまち環境が形成されている。

　　交流人口拡大の風土が何故、蓄積されたのか、それは、町には富山県からの開拓者が多く入植し、まちを拓いた関係から、伝統的に開放的で、他の人と交わり・交流する風土が醸成されてきた。そして、「写真甲子園」に参加する高校生と住民との交流から、住民が自然と被者体になるまちになったのだ。

　　東川の風土が培ってきた、開拓魂が定住者・起業者を呼び込み、人を招き入れる土壌を醸成し、人々を引きつけるまちの魅力を創出したのである。

移住者・起業者が憧れる東川町

　2010年に東川町が実施した「東川町への移住（転入）に関するアンケート」結果による、満足度が高いものとして、「自然が保たれている（42％）」「家庭菜園が楽しめる（32.8％）」「比較的安価に広い土地が手に入る（32.1％）」「子育て環境が良い（23.7)」「新住民を受け入れる気風・気質（15.2％)」の順となっている。

　また、2018年起業者アンケート調査によると、「旭川市に隣接している立地的優位性」「行政からの起業時の店舗や家屋の紹介がきめ細かい」「家具・クラフト製作の奨励制度」「写真の町として文化政策が充実」など、起業者に評価されている。

　東川町には、ふつうの「公務員らしさ」ではない、町役場の職員の「スタイル」があり、自然に暮らす、住民の「スタイル」がある。また、住民、企業、NPO、商工会、JAなど、様々な活動主体が、それぞれの「らしさ」を追求し、当たり前のように影響し合っている「スタイル」がある。東川で培われてき

た、こだわりを持ちながらも、無理のない、自然な生き方（Life）と働き方
（Work）には、これからの時代のヒントがある。

　このように、移住者・起業者が憧れる「東川スタイル」を形成してきた東
川独自の戦略的な施策の一部を紹介しておく。

　①大雪山の風景都市

　　　写真の町を宣言し、被写体となる美しいまちづくりを推進してきた。
　　更に景観を軸に地域おこしを進めるため、2002年「美しい東川の風景
　　を守り育てる条例」を制定し、2006年景観行政団体の指定を受けて、
　　同年、写真の町の伝統も活かした「東川町景観計画」を策定し、町全体
　　を景観形成地区に指定した。

　②定住促進の受け皿づくり

　　　風景都市を資源に、定住促進住宅の受け皿として土地開発公社を設立
　　し、1993年から造成をはじめ、住宅区画711戸を販売した。また、分
　　譲地グリーンヴィレッジでは、景観条例に基づき、カントリー・ライフ
　　スタイルを提案する「東川北方型住宅モデル」を推進するため、北方型
　　住宅建設支援事業補助金、景観住宅建設支援制度を充実した。

　　　公営住宅360戸の整備、移住者住宅、民間賃貸住宅助成支援事業な
　　ど、移住者を対象にした住宅施策を充実した。

　③憧れる子育て環境

　　　移住者を受けいれる最大の環境は、子育て環境の充実である。子育て
　　世代をターゲットに、幼保一元化による待機児ゼロ作戦、放課後児童ク
　　ラブの充実。2014年度に新築開校した「東川小学校」は40億を投下
　　して整備され、大雪山の風景を取り込み、地場産材を随所に活かした温
　　もりと地性を感性で感じるオープンスクールとして開校した。風景都市
　　の環境の中で、健やかに子どもを育てる魅力的な教育環境を創出するな
　　ど、多種多彩なユニークな政策を推進している。

　　　更に、2000年代半ば以降、「新・婚姻届」「新・出生届」「ひがしか
　　わ株主制度」「君の椅子」に代表される、多種多様なユニークな施策が

推進され、積極的な定住促進を支援する施策の充実が図られた。

⑤若者起業者の育成

　　起業者を呼び込むために、起業化支援事業制度、道の駅開発に併せ民間企業を誘致するプロポーザルコンペを実施し、モンベルショップの誘致に成功した。これを契機に道内外から、クラフトショップ、ギャラリーショップ、ベーカリー・カフェ・レストランなどの起業者ショップ、アンテナショップ60店舗が進出した。

　　旭川をはじめ札幌から誘客を集めるまちに変身した。空き店舗ができてもすぐに借り手がつく、起業者の憧れの町となった。

⑥地域資源を活用した地域内経済循環

　　木材製造業・木製家具などの地場産業の循環システムづくりを通じて、廃校を活用した「北の住まい社」が札幌から東川町に移転した。北の住まい社による、北欧の風景に負けない洗練された住環境創造の提案活動。町内業者が製作する木製家具、木製カーポートを70万円上限に町がプレゼントする仕組み、教育現場での木製机やテーブルの活用、君の椅子プレゼントなど、地産地消による地域内経済循環により、風景と自然環境を軸に地域づくりが行われている。

　東川町では、まずは一時居住や仕事で通いはじめてから、移住するというパターンが多く見られる。都会での生活経験を持ちつつ、「東川らしさ」の生活価値に触れることで、自分や家族の生活を見つめ直し、東川で暮らすことを真剣に考え、移り住むことを決断している。

　「東川らしさ」や「東川で暮らす」という共通の生活価値の連鎖と増幅を生みながら、多様な「小さな経済」を醸成し、進化し続けている。

　東川町の移住者・起業者への支援の成果が実り、1970年の人口8,200人をピークに人口が減少したが、1994年には人口が7,200人と底を打ち、94年以来人口が増え続け8,500人まで回復した（図表2-18）。2020年の国勢調査によると、北海道では2015年からの5年間に、人口は約16万人減少している。他方、東川町の人口は5年間で約200人増え、増加率は2.7%

で道内第3位となっている。

　東川町の移住者・起業者拡大政策から学ぶことは、政策の独自性が個々の住民の豊かさを充足するために必要な条件は、地域によって異なり、独自の手法を駆使しなければ成功はおぼつかないことである。

　東川の政策・施策は、組織風土が培ってきた「よそと同じではまずい」「地域の良いとこと伸ばす」「自都市の長所を見る視点を磨く」など、自分が生まれ育った地域への愛着や誇りを持ち、試行錯誤の中から政策を生み出しているのである。

図表 2-18「東川町の人口推移」

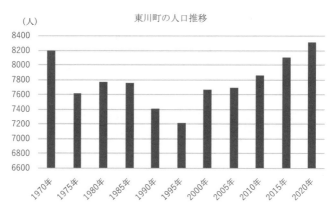

2　自治体経営をどう変革させたか

（1）職員の意識変革

　職員の意識変化の、第1の転機は「写真甲子園」のイベント会社が倒産した時期。第2の転機は「東川町3つの禁止令」が出された時期。第3の転機は「緊縮財政から積極財政への転換」時期である。このような観点から、

3つの行政経営改革を通じて、職員の意識変革により「どのような成果が生まれ、達成されたか」あるいは、「どのような課題が新たに生まれたか」について振り返る。

　職員の意識変革の第1の転機は、「写真甲子園」事業を受け持っていたイベント会社が倒産し、町役場中心による運営が余儀なくされたことである。職員らの試行錯誤の中から、「町民参加」「地域ぐるみ」の発想が生まれ、職員みながセールスマンとして活動することで、経営感覚が研ぎ澄まされるきっかけとなった。

　第2の転機は、2003年に松岡町長が誕生し、「東川町3つの禁止令」が打ち出され、職員・組織の行政経営に対する意識変革が本気度を増すことになったことである。「お金はない」とは、職員の創意工夫で金を呼び込む、経営感覚を持つこと。「前例はない」とは、目指すべきことは「ナンバーワン」に追いつくことでなく「オンリーワン」になること。そして「他の市町村でやってない」とは、よそと違うのはまずいでななく、よそと同じはまずい、差異化の発想を持つことである。

　3つの禁止令の真意とは、職員・組織が、自部門の事情のみを考慮し、その利益や権限を守るために行動する「縦割り主義」。その事柄に適した処理を考えることなく、過去の似たような事例にならって処理する「先前例主義」。波風が立たないように対応することを目指す「事なかれ主義」を一掃・排除する行政経営改革であった。

　第3の転機は、2008年に緊縮財政から積極財政に転換したことである。財政が厳しさを増す中、それまで町が行っていた活動・事業が見直しを迫られるようになった。小泉内閣の「三位一体の改革」に伴う地方財政改革により、国の地方交付税が大幅に削減された2004年度には、住民に応分の負担をお願いする意味も込め、それまで住民は無料だった公民館、ホール、体育館、プールなど、13施設の有料化にも踏み切らざるを得なかった。

　このような財政的に厳しい時期が続き、緊縮財政から脱却するために積極財政に転換することになる。積極財政に転換する課題は、財源の確保であっ

た。早速、庁内に「財政研究会」を立ち上げ、国の財政の仕組みを徹底的に研究し、活用できる交付税のメニュー、補助金などがないか、積極的に情報収集をはじめた。

　施策・事業を仕掛けるためには、財政課まかせでなく、職員自ら、財源の手当や確保を前提に、企画と予算の一体化をすることを徹底させた。

　一方で、そのための人材育成や職員のスキルを実践現場で磨かせることを実践した。例えば、内閣府に職員出向、民間企業研修や海外派遣制度などを通じて、アイディア、施策・事業と予算、費用対効果、セールス活動について積極的に学ばせた。

　実践的研修の成果が「財政規範」となり、職員が企画・計画をするときは、財源措置を自ら考え、後世に付けを回さないことを考える、組織風土を作り上げてきた。

　資金の回収、返還は10年を基本とすることなどを規範とし、職員全員が経営力を発揮し、予算を作り出す組織風土を培ったのである。

（2）政策の選択・集中と財政健全化

　東川町の政策の特徴は、「定住人口と交流人口の拡大」といえる。その政策により、自都市の長所である自然風土に磨きをかけ、地域資源を徹底的に使い回すことにより、農業・製材加工業・観光と起業者とが相乗効果を発揮し、地域内経済循環のネットワークが構築されてきた。

　職員らが、地域の実情に沿った独自の手法を編出し、東川町の魅力を創出することで、他の自治体から一目置かれるのだ。そして、行政経営における政策の「選択と集中」が行われ、総花的でないメリハリのある予算の仕組みが連動している。

　このような視点から、「政策の差異化と財源を編み出す規範」が、職員の意識変革により、「どのような成果が生まれ、達成されたか」あるいは、「どのような課題が新たに生まれたか」について振り返る。

政策の差異化と財源を編み出す規範による行政経営の実態について、事例の一部を紹介しておく。

① 3つの財布の有効活用

　　3つの財布とは「一般会計予算」「特別会計予算（広域事務組合、公社・株式会社等）」「寄付金、協賛金等の民間資金」を指し、それぞれの予算を活用し、財源が少ない分を第2、第3の財布を積極に活用する。

②広域行政の積極的活用

　　近隣市町と広域行政に取り組み、消防組合、清掃組合、葬祭組合。広域連合による介護保険・国保・老人保健事業、教育研修組合、滞納整理機構の設立。一部事務組合を設立して、アウトソーシングや経営効率を追求する。

③次世代に付けを回さない組織風土

　　職員が企画・計画をするときは、財源措置を自ら考え、後世に付けを回さない、資金回収10年を基本とする。

④行財政改革の徹底

　　行政改革の徹底により、人員削減、業務執行の合理化、効率化・迅速化など、経費の削減と住民や来街者に対するきめ細かな親切な接客を徹底している。一人の課長で通常の役場の5つ程度の課が担当する業務をこなすことで、生産性の向上を図る。また、職員定員を削減する代わりに、非常勤職員、アルバイトを約100名近く採用し、新たな効用と人件費の圧縮を図っている。

⑤地域資源を磨き資源を使い回す

　　日本一おいしい、大雪山の伏流水を活用した大自然の恵みの水を活用して町と農協、コープさっぽろなどが出資して株式会社大雪水資源保全センターを設立し、ペットボトルに詰めた自慢の名水を販売している。また、おいしい水で作る東川産の無洗米約1合分を缶詰にした「米缶ほしのゆめ」は、町が開発し、東川振興公社を通じて販売している。

このような、「政策の差異化と財源を編み出す規範」により、政策、活動・

事業を通じて「変革と挑戦の組織力」が培われ、「変革・挑戦」の価値観を共有する組織文化が構築されたのだ。

　町長自らが「実践の背中を見せること」が大切で、大局的な視点で自治体経営のグランドデザインを示し、何のための仕事かを明確化することにより、職員は迷わず前に進める。職員は、首長の本気度を見極め、職員全員がセールスマンとなって東川町を売り込むなど、職員ひとり一人の創意工夫や試行錯誤が当たり前の組織が生まれるのだ。

　東川町には、町長と職員との間に「信頼の絆」が醸成され、人と人との好循環を生み出し、まちの活力につながっていったのである。

〔コラム③〕
地域の実情に沿った独自の手法を編み出す

　首長がまちづくりの参考・目標にしている自治体アンケート調査（「市区町村首長アンケート」2023年3月、読売新聞社）によると、評価の高い順として、1番目が近畿圏に位置する兵庫県明石市（子育て支援が充実し、人口が増えている）。2番目に北海道東川町（地域資源を活用した移住政策が優れている）。3番目に茨城県境町（企業版ふるさと納税の推進で成果がある）。4番目に東京圏に位置する千葉県流山市（働く子育て世帯に向けたPRが優れている）。5番目に島根県隠岐島海士町（島留学といった取組みで若者が集まっている）の順となっている。

　東川町をはじめとするこれら自治体は、人口30万の明石市と20万人の流山市を除いて、決して財政的には恵まれていない、小規模の自治体である。その自治体が、地域資源と地域の実情に沿った、創意工夫による独自の手法を駆使して、移住者、起業者を獲得し、定住人口拡大に結びつけている。そして、限りある経営資源をどの政策領域に配分するか、政策戦略を持ち、まさに究極的な「政策選択」をしているのだ。

　自治体は、人口減少、低成長の時代に入ると、肥大化した資源投入量を削減することや、資源投入を少なくしながら活動を提供する「効率化」の観点からの改革が行われてきた。何故ならば、国も財政逼迫から、地方自治体を財政的に支えきれなくなり、地方交付税の一部が臨時財政対策債（注-8参照）に置き変わり、国庫支出金は年々財源が縮小となっている。

※注-8）臨時財政対策債
　臨時財政対策債とは、国から地方自治体に交付する地方交付税の原資が足りないため、不足分の一部を地方自治体が借り入れする地方債のことである。なお、臨時財政対策債の元利償還金相当額は、その全額を後年度の普通交付税によって措置することとされている。

公共事業も絞り込まれ、全国の公共投資額も減少傾向をたどっているからである。

　特に顕著なことは、「都市の低密化」がはじまり、人口密度の低密化と土地利用の低密化が同時に進行し、人口密度や距離により配置されてきた民間サービス、公共サービスの地方での撤退が現実化している。

　また、世帯構成の約 40％が単身世帯となり、社会活動の低下や家庭内扶助力が相対的に低下し、高齢者の介護、子育てなどが外部不経済として社会問題と化している。

　自治体は税収減と扶助費増による財政の制約の中で、多様化・複雑化する住民ニーズ（孤独死、老々介護、子どもの貧困、8050 問題など）への対応や社会関係資本の持続性など、様々な限界や必要性のもと、持続可能な地域の創出が課題となっている。

　東川町のように、全国一律の政策では実現できない。地域資源や地域の実情に沿った独自の手法を編み出し、自ら意志で政策を決定し、それぞれの自治体らしさを発揮する自治体経営が求められているのである。

　これからの時代、職員の発想力と創意工夫、行動力が、劣化した経営資源に活力を与え、蘇えらせることで、自治体経営を再生する大きな力となる。

第4節
財政逼迫時代の「金ケ崎町」が目指した政策選択

1　財政健全化を実現する行政経営改革システムの構築

生涯学習の町に忍び寄る人口減少と高齢化

　岩手県の県央に位置する金ケ崎町は、西部に広がる山岳部から平野部までの間の 1,300 m におよぶ高低差が、様々な気候風土を生み出し、多様な産業を育んできた、人口 15,535 人の町である。町内には東北地方有数規模を誇る工業団地があり、日本をリードする自動車、ＩＴ、製薬産業などの工場が集積している。

　金ケ崎町は、製造業の生産拠点として若者の転入による人口の社会増や町民税・法人税の増加に支えられ、豊かな町であった。1978 年に全国に先駆けて、町民の自発的な学習機会の創出や学習成果を活かしたまちづくりを推進することを目的に「生涯教育の町」を宣言した。

　その後、6つの生活圏（街地区、南方地区、西部地区、三ヶ尻地区、永岡地区、北部地区）ごとに幼稚園、小学校、地区生涯学習センター、体育館などが整備され、住民が学びやすい環境が整えられた。生涯教育という言葉に対して、「生涯を通じて学ぶこと」「趣味や生きがいをつくる活動をすること」というイメージを抱く住民が多くなった。

　平成の大合併が推進された状況下、水沢市が特例法定期限内に市町村合併を協議するための協議会へ、参加の申し入れがあった。検討の結果、金ケ崎

町は参加せず、自立の道を選択した。

　平成大合併から10余年が過ぎ、日本社会全体が人口減少、高齢化社会を迎え、経済低迷の波は、金ケ崎町にも忍びより、人口が穏やかに減少し、高齢化の進行がはじまった。6つの生活圏は、徐々に変質し、人口増加が著しい南方地区と人口減少、高齢化が顕著な西部地区など、地域扶助力の地域間格差が生まれてきた。更に、1970年～1980年代に生活圏ごとに整備された公共施設の老朽化問題が深刻化してきた。税収の減少、人口や社会構造の変化による多様化・複雑化する住民ニーズにも対応するという矛盾する課題に挑戦することが町に求められていた。

　筆者は、2016年9月講演のため金ケ崎町に訪れ、それが契機となり自治体経営改革に係わることになった。

　外発的な行政システム導入の限界

　金ケ崎町では、行政改革を目的に他の自治体と同様に、行財政改革、組織の生産性向上を進めていく観点から、職員のスキルアップや組織変革を促す研修機会の充実、マネジメント機能の強化を図るため、各種行政システムの導入を行ってきた。例えば、専門家やコンサルタントによる、事務事業評価、事務改善、組織管理、人事評価制度など、様々な仕組みを導入し、定着に向けて指導や助言を受けてきた。

　しかし、そういった指導や助言は、特定の行政システムの導入に主眼をおいており、長年慣れ親しんできた既存の制度や仕組みが存在する状況下で「本当に事務量の軽減につながるのか」「本当に機能するのか」など、職員は不安を感じていた。その結果、指導・助言を受けたことは、時間が経過する中で曖昧となり、組織定着が図られない行政システムが数多く存在していた。

　そもそも、外発的に与えられた行政システムを受け身で導入するという発想では限界がある。職員の実感として、自治体経営がどのような状況にあり、直面する危機や課題は何か、なぜ改革に取り組む必要があるのか、地域のために自分達に何ができるか、といったことを自ら自問自答する。そして、改革・

改善に向けた試行錯誤を繰り返しながら、組織風土を改善しない限り、どのような行政システムを導入しても機能するとは、必ずしもいえない。

　課題の先送りや行政内部の合理化に手をこまねいていたら、従来は効果的、効率的と考えられいた、自治体運営の方法では、これからは全くうまくいかないことが明らかである。

　大切なことは、組織の生産向上、内部の合理化、地域をより良くするために、職員間のコミュニケーション力を高め、職員の気づきを集め、職員は何をすべきかを、共有することが改革につながっていく。

職員と予測される社会問題の最悪展望図を描く

　拡大成長時代から縮小時代へのパラダイム変化を直視し、安易に従来の延長線上で自治体経営を担うのではなく、現在の状況が続くとした場合を前提に、金ケ崎町の2040年の「まちの姿」を描くことにした。予測される社会問題の最悪展望を描くために、全課から30代〜40代前半の職員参加のもと、経営環境診断チームを設置した。

　人口予測と世帯構成予測を基礎要因として、地域経営環境と行政経営環境の未来予測、自治経営のトータルシステム診断を実施した。

　調査結果に基づき、最悪展望を共有し、調査によって改めて発見した経営資源（ヒト・モノ・カネ・情報）や地域資源（自然資本・人工資本・人的資本・社会関係資本）、あるいは、地域構造、地域個性を再評価し、まず予測される危険を防止する政策・施策のあり方について検討を行った。

　金ケ崎町における未来予測から導かれた、自治体経営課題の一部を紹介しておく。

〈政策・施策の課題〉
・公共施設などの更新費用を踏まえ、人口減少と老朽化施設など、量、規模、施設再配置など、適正化に向け公共施設等のマネジメント指針が必要となる。
・潜在的待機児童を含む待機児童数は、2027年まで年間80人以上と推計。

　他方、幼稚園児数が 100 人を切る見込みであり、保育と幼稚園行政の
　抜本的改善が必要となる。
・高齢者の増加は、扶助費を拡大し、健康寿命を延ばす政策への転換が必
　要となる。
・行政サービスの提供が、行政のみでは困難性がある。活動団体・ＮＰＯ・
　企業など、多様なアクターとの協働が必要となる。
・法定受託事務の効率化を図るために事務を見直し、合理化が必要となる。
・人口減少下において、ゴミ排出量が増加傾向にあり、ゴミの分別リサ
　イクル施策の見直しが必要となる。
・農林畜産業の担い手確保、生産性向上、6 次産業化が喫緊の課題である。
・人口減少に伴う用途地域内の土地利用密度低下と白地地域の住宅拡散問
　題が生じ、秩序ある開発とインフラとの誘導施策が必要となる。
・高齢化、免許返納問題などを踏まえ、交通難民問題を解決する、地域交
　通政策が喫緊の課題となる。

〈行政システムの課題〉
・毎年の予算要求説明時に、スクラップを促しているが、具体的な手法が
　示されず、要求は課任せの現状である。
・行政システムがバラバラで、個々は機能しても全体としては、機能して
　いない。
・政策事業評価と予算との連携のシステムが存在していない。

〈組織・職員構造の課題〉
・財政逼迫に対する意識共有、事業のスクラップなど、組織全体に危機意
　識が乏しい。
・全職員数と同数程度の非常勤・臨時職員が存在し、事務量は増加傾向を
　示し、適正な事務量の見直し、職員配置、年齢構成の是正が必要である。

〈生活圏、地域づくりの課題〉
・人口減少、高齢化による、コミュニティにおける担い手不足（自治会、
　活動団体等）による、組織の縮小及び組織の統廃合が必要である。

・6生活圏の人口規模、高齢化率、相互扶助力、地域特性から、それぞれの地域課題が異なる問題を認識する。

・人口減少、老朽化を踏まえ、生活圏のフルセット施設の見直しが必要。

・持続可能な地域づくりを目指し、行政内部の仕組みの見直し、地域経営の新たな仕組みが必要となる。

このような予測から見える「まちの姿」は人口が穏やかに減少して、高齢者が増加する町であった。そして、公共施設・社会インフラの老朽化や多様化する住民ニーズに直面し、相互扶助力の低下による地域格差が生まれ、もはや全ての公共サービスを自治体単独で提供することは困難となり、金ケ崎町の財政逼迫が深刻になる町の未来であった。

プロジェクトチームに参加し、20年後の未来予測を行った職員は、20年後も在職することが推測され、自らの役割と責任において予測される危険を未然に防止する役職を担うことに気づいた。

こういった環境経営診断の結果から、次の3つの自治体経営の方向性が取りまとめられた。

①「地域と自治体の自立」と「住民と行政の協働」の実現

拡大成長時代の自治体経営を縮小時代に相応しい「職員力と組織力が遺憾なく発揮できる構造」に変革する。また、「生涯教育のまち」で培ってきた、学習力と地域力を継承しつつ、人口減少、高齢化の時代において「安心して幸せに暮らすことができる地域社会を築く」ための地域づくりを推進する。

②財政逼迫を踏まえ、財政規律を徹底し、「入りを量りて、出を制する」

財政システムを再構築する。また、公共施設などの老朽化を見据えた、財政構造に整合する社会的装置の最適化。そして、住民と活動団体、NPO、企業などが、価値共創を前提に、多様なアクターが公共サービスの担い手となる社会を実現する。

③自ら選ぶ広域連携

行政区域にとらわれない、サービスごとに自治体と連携するパート

　ナーを戦略的に選択する広域連携を実現する。

経営環境診断結果を「自治体経営改革大綱」に反映

　金ケ崎町では、総合計画との整合を図るため、自治体経営改革大綱の位置
づけを、総合計画に掲げた将来像「人と地域が支えあうまち　金ケ崎～連携
と協働のもと、今もこれからも住みたいまち、住んで良かったといえる町の
実現～」に向けて、効率的、効果的に自治体経営を行うための具体的な手法
を示すものと位置づけた（図表 2-18）。

　先に述べたように、金ケ崎町では、2013 年度に「事務事業評価制度」の
導入を目指して、専門家の指導のもと、職員間で研究会を立ち上げ、導入方
法の検討や、事務事業評価に用いる評価シートの作成を行い、2014 年に事
務事業評価の試行を実施したが、定着には至らなかった経緯がある。

　その要因として、「手段」であるはずの事務事業評価の導入が「目的化」し、
従来の行政システムとは、別な仕組みとなっていたこと。自治体の根幹を担

図表 2-19「総合計画と自治体経営改革の位置づけ」

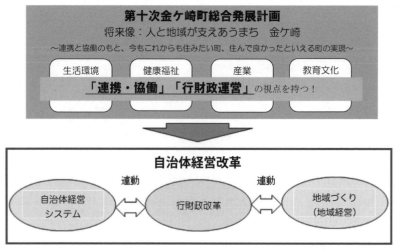

出典：金ケ崎町自治体経営改革

う総合計画を中心とした評価体系と異なる仕組みを導入したこと。ロジック
モデルのフレーム設計が不十分であったことや評価シートが複雑であったこ
となどが想定される。

　この教訓を踏まえ、自治体経営改革大綱に行政評価の導入を位置づけ、様々
な行政システムの統合化を重視し、まず、総合計画を中心とした指標体系の
もとで、評価システムの再構築をすることとした。

　そして、経営環境診断の結果を、自治体経営（行政経営と地域経営）の向
うべき方向や、実践する仕組みの方針を示す「自治体経営改革大綱」（図表2-20）
や「自治体経営改革アクションプランの戦略的取り組み」に反映させた。

「自治体経営改革大綱」の具体的な内容について、一部紹介しておく。

〈方針 -1〉組織力・職員力を生かしたトータルマネジメントシステムの構築

①組織の生産性向上

　　効率的で効果的な組織体制とガバナンス機能の強化、定員適正化と組
　織改革、人材育成、働き方の見直しと事務の改善、自治体経営改革を推
　進する条例政策の確立など。

②行政経営のトータルマネジメントシステムの構築

　　総合計画を中心とした自治体経営の「トータルマネジメントシステム」
　の構築。

〈方針 -2〉財政基盤・経営力の強化

①縮小社会に対応した行政資産の効率化と最適化

　　行政資産の効率化を図るため、縮小社会に適応する教育施設の最適化、
　資産の処分・促進と有効活用を図る。

②自治体の自立と発展の根幹をなす財政の健全化

　　財政規律の確立と定着、歳入の確保、歳出削減の徹底を図る。

〈方針 -3〉協働による行政経営と地域経営の確立

①住民協働による地域づくりの推進

　　住民と行政との協働の推進、地域経営への住民参加の推進、住民協働
　による地域づくりの推進、行政サービスの質的向上を図る。

図表 2-20「自治体経営改革の仕組み」

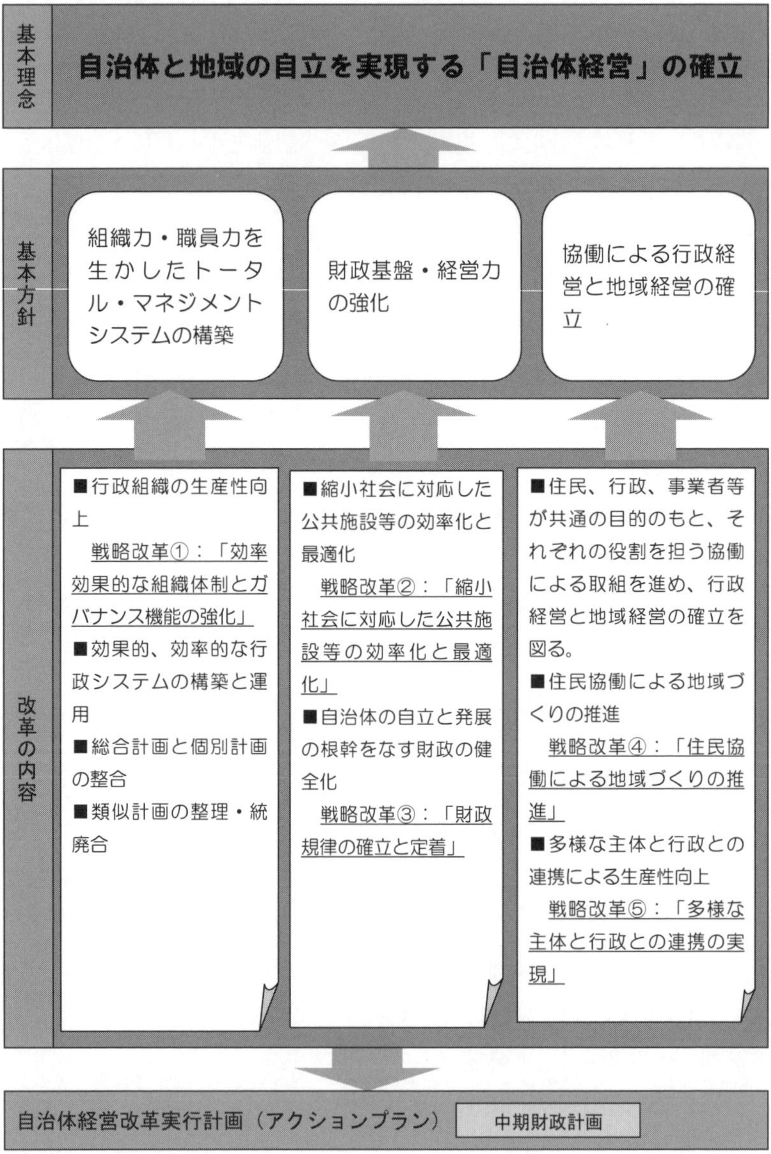

基本理念	**自治体と地域の自立を実現する「自治体経営」の確立**

基本方針	組織力・職員力を生かしたトータル・マネジメントシステムの構築	財政基盤・経営力の強化	協働による行政経営と地域経営の確立

改革の内容	■行政組織の生産性向上 　戦略改革①：「効率効果的な組織体制とガバナンス機能の強化」 ■効果的、効率的な行政システムの構築と運用 ■総合計画と個別計画の整合 ■類似計画の整理・統廃合	■縮小社会に対応した公共施設等の効率化と最適化 　戦略改革②：「縮小社会に対応した公共施設等の効率化と最適化」 ■自治体の自立と発展の根幹をなす財政の健全化 　戦略改革③：「財政規律の確立と定着」	■住民、行政、事業者等が共通の目的のもと、それぞれの役割を担う協働による取組を進め、行政経営と地域経営の確立を図る。 ■住民協働による地域づくりの推進 　戦略改革④：「住民協働による地域づくりの推進」 ■多様な主体と行政との連携による生産性向上 　戦略改革⑤：「多様な主体と行政との連携の実現」

自治体経営改革実行計画（アクションプラン）	中期財政計画

出典：金ケ崎町自治体経営改革

②多様な主体と行政との連携による生産性向上

　　人口減少下において、広域連携の更なる推進と多様な主体との連携・共創の実現を図る。

　そして、自治体経営改革アクションプランの戦略的取り組み内容を次のように取りまとめた。

　「自治体経営改革大綱」に基づく、アクションプランは、「方針 -1」から「方針 -3」まで、55 項目が記載されている。これらの項目を全て実行に移すには、職員の大きな負担となり、他の事務事業に支障をきたす恐れがあり、計画が絵に描いた餅となりかねない。

　そこで、実行プログラムを策定し、アクションプラン 55 項目から、戦略的に取り組む事案を抽出し、自治体経営改革に取り組むこととした。

　①ガバナンス機能が発揮される意思決定（庁議）システムの構築。

　②行政評価制度（政策施策と事務事業の評価）の導入による進捗管理と評価による事務事業の見直し、事務業務の改善（スクラップの徹底）。

　③審議会・委員会等の統廃合。

　④公共施設・社会インフラの資産マネジメントの構築と推進。

　⑤財政規律と財政健全化 5 項目の実行。

　⑥自治会・自治会連合会等への依頼事務の見直し、イベント・行事などのあり方の見直。

アクションプランに基づく行政評価の試行

　総合計画（2016 年〜 2020 年）の見直しに併せて、施策方針の指標を活用し、新たに基本構想の「将来像実現のための基本目標」に、基本目標を評価する「象徴的指標」を設定することとした。そして、行政評価において作成した「事業管理シート」を「事業管理兼行政評価シート」に改善した。

　さらに、内部検証の仕組みとして、「自治体行政改革推進会議」を活用する。組織機構改革による企画財政課の誕生を踏まえ、政策規律を検証する「企画担当」と財政規律を担当する「財政担当」の連携を強化し、行政評価を推進

することとした。

　このような方針を踏まえ、2020年度の総合計画の見直しと合わせ、行政評価の試行（現総合計画の棚卸し、指標の見直し、次年度施策・事務事業への改善と反映）が行われた。実施にあたっては、行政評価として、目標指標の変化に基づき、課題の分析、「やり方（執行の仕方）」や「やること（事務事業の統廃合・縮減）」の改善を各課で検討し、第11次総合計画の施策に反映させていくこととした。

　また、各事務事業について、総合計画の目標指標の達成状況により、A～Dの評価を付し、具体的な事業名を挙げて改善を指示したほか、各シートに企画財政課の指摘事項を付して各課との意見交換を行った。

各課の内部評価結果を踏まえて、次のように課題を整理した。

　①指標の改善（妥当性のある指標設定）や重複事業の統合などの改善が見られた。

　②評価結果と予算の連動という面では、各課の主体性による削減という手法では具体的な効果は表れなかった。

　③事務事業の統廃合による予算の削減のためには、具体的な削減目安を示し、その達成を目標に、各事務事業の評価、改善を進める必要がある。

　④一連の取組を通じ、各事務事業が総合計画の施策目標を具体化させていく手段・手法であるという意識醸成につながった。

　2021年の試行により、評価結果の予算への反映が、課題となったことから、この解決に向けて2022度の行政評価改善の取組方針を次のように定めた。

　①コロナ対策に伴う財政調整基金残高の減少、扶助費などの増大を背景に、今後、さらなる財政調整基金の取り崩しが必要となることから、財政規律として財政調整基金の最低残高を15億円と設定する。

　②2025年度末において、同水準を維持するため、2022年度当初予算編成において、歳入に見合った歳出予算とすることとし、各課の経常経費、政策経費の削減目標額を設定する。

　③各課において、この達成を目指し、2021年度の事務事業の評価と

2022年度事業への改善を指示する。

④事業管理兼行政評価シートに関するヒアリングを行い、その内容を中期
　財政見通しに反映させたうえで、予算要求にあたっては、その中期財政
　計画の中で要求する。

⑤行政評価は、総合計画の目標達成を目的とし、事務事業評価を行うこ
　とで、生産性を高めていくツールと位置づける。

　こういったプロセスに関わってきた筆者の実感として、職員も縮小時代に
おいて、今までどおりの施策や、事業の手段・手法を変えない慣例、何十年
も同じ委員が参加する委員会・懇談会の運営など、制度疲労を起こしている
ことに気づきはじめた。

　このような状況において、行政評価による検証・改善を積み重ねていくに
は、町長の後押しと痛みを伴う住民やステークホルダー、議会の理解が不可
欠である。

　他方、大切なことは職員の「気づき」が、施策や事業の見直しを実現させ
る原動力となることである。

2　自治体経営をどう変革させたか

（1）職員の意識変革

　2022年3月に前町長の勇退に伴い、町長選が行われ、新町長が誕生した。
当選後、町長と筆者が面談したとき、「住みやすさ日本一」のまちづくりに
挑戦したい。そのためには、「働く場所をつくり、定住する場所を整え、魅
力あるまちづくりに挑戦する」と語った。

　財政が逼迫している状況を認識し、選挙公約で「施策・事業の総点検によ
る見直しを実施する」を掲げ、公約を実行に移すため、町長のリーダーシッ

プによる政策・施策の「選択と集中」方針を組織・職員に示した。

・町長のリーダーシップのもと「行政評価改善の取組方針」に2点を追加した。一つは、外部からの評価を取り入れながら、次年度の予算編成期間までに、施策・事業の総点検及び見直しを実施すること。二つとして新たな行政需要に対応するため、既存事業も「ゼロベース」で、予算の枠内で事業に優先順位をつけ廃止・縮小を行う方針を追加した。

　この方針に基づき、2022年度「事務事業評価の実施に関するガイドライン」を次のように定めた。

　①一次評価（事業所管課における評価）

　　　点検にあたっては、事務事業の適正化、改善を図ることを目的として、各指標による定量的な評価と、数値では測れない定性的な評価をくみ合わせ、「必要性」「有効性」「効率性」の視点から点検を行うことで、事業の最終目標である政策・施策への貢献度を明らかにする。

　②二次評価（副町長、企画財政課のよる評価）

　　　提出された事業管理兼行政評価シートを取りまとめ、副町長、企画財政課により、各課の評価結果についてヒアリングを行い、二次評価を行う。その結果を踏まえ、全庁的な事務事業の優先順位を設定する。

　　　二次評価の結果は、「継続（現状の通りやり方を継続する）」62事業、「改善（費用や事業の手法を再検討し、事業の費用対効果の向上を図る）」61事業、「縮小（費用を縮小する）」7事業、「廃止（事業中止）」8事業を指定した。

　③外部評価の所見

　　　二次評価を踏まえ、行財政改革委員会による外部評価を行い、その所見を記載し、最終の判断を町長が行うことにした。

　このような観点から、二次評価と外部評価により、全課ヒアリングを通じて、職員の意識変革により「どのような成果が生まれ、達成されたか」あるいは、「どのような課題が新たに生まれか」について振り返る。

　行財政改革委員会では、「改善」「縮小」「廃止」事業を対象に、「事業は誰

が担うべきか」「5年以上継続する事業の必要性」「事業の終期はいつなのか」「補助金ありきで、事業の主体性はあるのか」などの視点に基づき、委員による生活者目線、住民の気づきから検証を行った。

特に「改善」と評価された61事業について、担当事業課のヒアリングから、「手法について検討する」「助成金などの内容を検討する」「今後の状況に注視する」など、政策・施策を実現する改善のための具体的手法・手段が示されていないこと、やり方、やることの改善について具体性に乏しいことが明らかになった。

委員会として原案に対する付記事項として「改善」対象事業について、手法や手段、事業費について、具体的な見直し方法、改善事項を再検討することを担当課に求める、附帯意見を伏して答申した。

筆者が、行財政改革委員会において、各課とのヒアリングを通じて、「改善」と評価された事業の手法、やり方の見直し、「縮小」と評価された事業のやることの見直し、「廃止」と評価された事業のスクラップが何故実行に移すことが出来ないのか、ヒアリングから次のような組織課題が明らかになった。

①多様な主体との利害調整の困難性

　　各種団体などに交付する補助金、助成金は、議員、団体の有力者が係わり、調整をするのが難しい。調整するとしても時間を要するため必要な時間を設定する必要がある。

　　長期継続の事業は、長期にわたる各団体との関係もあり、事業の廃止や縮小を自分の担当時には判断したくないとの思いが内在している。

②国・県補助事業は数年で廃止の傾向

　　予算の確保を図るため、国・県の補助制度を導入したが、数年で廃止され、単独費事業としてやらざるをえない状況となっている。当時、事業の必要性、有効性などを判断せずに単なる補助金目当て事業を仕立てたことが後に課題となった。

③課の事業を減らしたくない組織心理

　　職員の多くが事業を実施するには予算が必要と感じており、創意工夫

　　を凝らした「ゼロ事業予算」の発想が乏しい。また、縦割り主義が課の事業
　　を削減しないことが美徳と受けつがれてきた、組織心理が働いている。
　④議会対応と議員から睨まれたくない心理
　　　事業の廃止、縮小などを決断すると、地域、業界団体を母体とする議
　　員から議会における質問や嫌がらせを避けるため、防衛本能が働き、職
　　員が判断の先送りをする。

　このような、組織構造的な問題を解決するには、縮小時代の自治体経営を
目指す方向を示し、首長、職員が再認識したうえで、粘り強く、住民や議員
に対して説明していく努力が必要である。

　行政評価を通じ、行政内部の合理化、公共サービスの担い手の多様化を進
めていくために、縮小の痛みを受け入れざるを得ないとしてもそれは、地元
住民や活動団体の判断に基づくべきであり、首長や管理職の説明責任と組織
体としての毅然とした対処が求められる。

（2）政策の選択・集中と財政健全化

　町長は、議会において、「住みやすさ日本一」のまちづくりに挑戦するた
め、「除雪作業の円滑化を推進するため、除雪作業に必要な機械の計画的導入・
更新」「子育て支援を充実し、若者の定住・移住を促進するため、小中学校
給食費の無償化の実現」に向けて取り組んで行く。そして、これらの施策・
事業を推進するにあたり、財政運営に特段の注意が求められる」と述べている。
　「新たな行政需要に対応しながら、将来にわたって持続可能な行政経営を
行うには、産業の振興、定住施策による税収増、ふるさと応援寄付事業など、
歳入を増やす取組みの推進。同時に、無駄を省くために施策・事務事業の総
点検、棚卸や行政評価に基づくスクラップを実施し、効率的・効果的な行政
経営と安定的な財政基盤の維持が必要」との認識を示した。
　このような観点から、町長のリーダーシップによる「政策の選択と集中と
財政健全化」の推進と実践が、職員の意識変革により、「どのような成果が

生まれ、達成されたか」あるいは、「どのような課題が新たに生まれたか」
について振り返る。

　中期財政計画による歳入（図表 2-21）見通しによると、歳入不足分に対し、
財政調整基金を繰り入れることを前提にすると、2027 年度には 4,000 万円
まで減少し、基金が底をつく慢性的な財政逼迫の状況となる。

　歳出（図表 2-22）見通しによると、義務的経費が 38 億 5,000 万円〜 37
億 1,000 万円と推移し、計画を予定している事業費を計上すると 2025 年
度に残高不足となることが想定される。積立基金については、今後の経済の
急激な悪化による町税などの減収や不足の事態に対応するには、基金残高
15 億円（標準財政規模の約 28％）を維持していく必要がある。事業の先送
りにより、財政調整基金の取り崩しを最小限としているが、2027 年度末ま

図表 2-21「各年度の予算額及び基金残高の見通し」　　　　　（単位：億円）

	2022年度	2923年度	2024年度	2025年度	2026年度	2027年度
歳入	80.5	84	83.8	85.1	85.8	87
歳出	87.4	86.5	87.4	88.2	88.9	90
不足額	6.9	2.6	2.6	3	3.1	3.7
財政調整基金残高	15.3	12.8	10.2	7.2	4.1	0.4

出典：金ケ崎町中期財政計画

図表 2-22「各年度の性質別歳出予算額の見通し」　　　　　（単位：億円）

	2022年度	2023年度	2024年度	2025年度	2026年度	2027年度
人件費	15.4	15.9	15.9	15.8	15.9	15.8
扶助費	14.1	14.1	14.1	14.1	14.1	14.1
公債費	9	8.4	7.7	7.3	7.3	7.2
（義務的経費計）	38.5	38.4	37.4	37.7	37.3	37.1
投資的経費	7.3	6	8.2	9.1	10.7	8.1
物件費	14.7	13.9	13.4	14.8	13.6	17.8
補助費等	17	17	16.8	16.6	16.5	17.8
維持管理費	3.7	3.4	3.4	3.4	3.4	3.4
繰出金	5.4	5.3	5.3	5.4	5.8	8.9
その他	0.8	1.6	1.6	1.6	1.6	1.6
歳出合計	87.4	86.5	86.4	88.1	88.9	90.6

出典：金ケ崎町中期財政計画

でに 4,000 万円まで減少する見通しとなり、残高 15 億円を確保することは
困難な状況となっている。

　中期財政計画に基づく財政見通しから、改めて首長や職員は行財政改革が
先送りできない状況下にあることを再認識した。

　再度、施策・事務事業の目的は何か、施策目標を達成する、手段・手法が
今のまま通りで良いかなど、やり方とやることの改善を通じて施策・事業の
見直し方針を次のように組織に示した。

　①不要不急事業や効果が見えない事業のスクラップの徹底。

　②多額の不用額が生じている事業の改善と事業費見積りの適正化。

　③賞味期限切れ事業の廃止。

　④目的が既に達成された事業の廃止。

　⑤重複している事業の統廃合の徹底。

　⑥新たな財源の確保。

　このような方針を踏まえ、組織・職員は、町長の財政逼迫を解消する行財
政改革の方向性を認識し、危機感を共有することで、改革・改善を通じ、事
業規模の縮小、不要不急事業の先送り、事務事業の統廃合などを検討し、事
務事業予算案を提案した。

　行政内部の変革を進めていくには、危機意識と改革意欲を首長と職員が共
有できるかにかかっている。それを実現するため、首長のリーダーシップに
よる政策・施策の「選択と集中」が不可欠である。

　一方で、行財政改革を推進するためには、住民と議会が厳しい「監視の目」
を強化し、職員の行政内部の合理化や財政再建を後押しする住民、議会と行
政との連携が必要となる。

〔コラム④〕
行政評価システムの形骸化

　本格的な人口減少社会が到来し、地域社会の持続性と自治体の自立に向けた危機意識が本格化してきた。高齢化や少子化が急速に進む、我が国では、大都市、地方都市を問わず、多様化、複雑化する社会課題が惹起されている。

　これらの課題を解決するには、自治体経営の担い手である職員自らが、抜本的な意識変革と自らのスキルを磨き、組織内部の合理化と無駄を省く行動規範のもと、自治体経営改革に取り組んでいく姿勢が求められる。一方で、自治体経営改革を後押しする住民、議会の意識改革と自治体経営の監視役として役割が大きくなり、議会の体質改善が求められている。

　三重県が1995年から取り組んできた事務事業評価システムを契機に、全国自治体に波及してから、およそ30年近くになる。そもそも、行政評価とは、「行政活動の現状を、統一的な視点と方法によって 把握し、この結果をもとに今後の政策、施策、事務事業の方向性を見極め、具体的な改革・改善を全庁的に推進していく一連の組織活動」である。

　その行政評価手法の骨格となっている「計画 - 実行 - 評価 - 改善」のＰＤＣＡ（注 -9 参照）による、マネジメントサイクルが徐々に形骸化し、行政経営が危機に陥っているのである。つまり、政策の効果検証・見直しを通じて、行政内部の合理化と政策の高度化を図るという目的で取り組まれてきた「行政評価」システムが疲弊し、形骸化しているのである。

※注 -9）PDCA サイクル
Plan（計画）、Do（実行）、Check（測定・評価）、Action（対策・改善）の仮説・検証型プロセスを循環させ、マネジメントの品質を高めようという活動。

　行政評価のマネジメントサイクルが有効に機能しない問題点として次のようなことが考えられる。

①総合計画本体の政策・施策・事務事業の優先順位や戦略、経営資源配分との連動の希薄性。

②課題−実施内容−直接アウトカム−最終アウトカムに繋がるロジックモデルの不完全性。

③行政評価の分析・評価の形骸化と行政評価の目標の不在。

④行政評価結果に基づく、明確化された課題の解決策を検討し、その結果を計画策定、行財政改革、予算編成などに反映させるシステム連動の不完全性。

⑤課題認識、解決方策等の評価情報を庁内で共有し、全職員が一丸となって改革・改善に取り組み、住民に分かりやすく説明していく、建設的会話によるコミュニケーション・ツールの不在。

　そして、最大の問題は、組織・職員の縦割り組織の弊害、職員の自覚とノウハウの欠如である。

　多くの職員は、誰しも何らかの改善意欲はあり、決して現状に甘んじてよいと考えているわけではない。しかも、改革の必要性について薄々気がついている。行政改革の嵐が過ぎるとすぐに元に戻り、改革に対する本気度が希薄となり、「昔からこんなもんだ」「やってもやらなくても同じ」といった惰性に流される傾向がある。

　このような組織経営上の問題を解決する方策として、次のような改革が考えられる。

①マネジメントを促す組織体制

　　首長のリーダーシップにより、行政経営改革を推進する仕組みや、部課長レベルにおいて、適切なマネジメントと説明責任を果たす体制を構築する。

②トータルシステムによる組織管理

　　組織目標に基づく、個人目標と人事評価を連動させ、職員の給与・

賞与などに反映させる仕組みを構築する。

③職員の能力開発

　将来の管理職を計画的、効果的に育成する仕組みと部課長の管理職を対象とした組織マネジメントと説明責任に係わるスキルアップを図る研修の充実を図る。

　将来の地域社会と自治体を取り巻く厳しい環境を勘案すると、行政経営改革は、待ったなし、先送りが出来ない課題である。行政組織とは住民や社会に価値を提供することを目指す組織体であり、行政経営とは、行政組織の活動を通じ、できるだけ生産性高く、成果を実現することで、安心して暮らせる地域社会をつくる、実行の仕組みづくりであることを忘れてはならない。

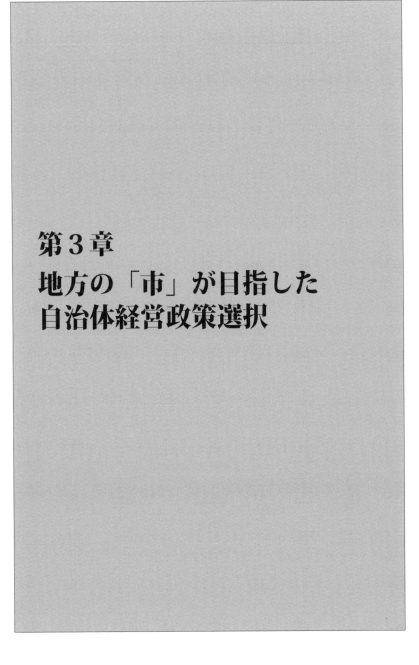

第3章
地方の「市」が目指した
自治体経営政策選択

第1節　2市8町の合併で誕生した「天草市」が目指した政策選択

1　行政経営のトータル・システムの構築

肥大化した行政システム

　熊本県天草市は、県南西部に位置し、周囲を美しい海に囲まれ、天草諸島の中で、天草上島の一部や天草下島、御所浦島で構成され、面積は、683.8㎢で県内最大を誇る。地形は、ほとんどが山林で占められ、急峻で平野部は少なく、河川沿いの平地部や海岸線の河口部に市街地や農地が展開されている（図表3-1）。

　産業は、温暖な気候を活かした農業や、豊かな水産資源を活かした漁業を主として発展してきた。また、自然景観、キリシタンの歴史や崎津教会とその集落は世界文化遺産に登録されるなど、多くの観光資源にも恵まれている。

　天草市は、2006年3月に2市8町（本渡市・牛深市・有明町・御所浦町・倉岳町・栖本町・新和町・五和町・天草町・河浦町）が合併して誕生した、人口が約75,000人の自治体である。

　天草市では、366の行政区（区長は行政への協力委員）と366の自治会が設置され、公共施設の延べ面積が600,137㎡で、築30年以上が全体の約50％を占めている。

　合併により職員は1,567人と膨張し、合併後の8年間に、92本の個別計画が策定され、事務事業数は約1,400となり、計画策定や行政運営に関わ

る審議会・委員会は 64 組織（委員数延べ 1,227 名）存在していた。合併を
契機に歳入・歳出が 2006 年度、509 億円から 2011 年度には、548 億円
と右肩上がりで膨張していた。

　合併に伴う必要性があったとはいえ、行政システムや事務事業は肥大化し、
数多くの計画を維持・管理する事務事業や作業量も負担となっていた。

　そこで、天草市では、新市建設計画として位置づけられた、第 1 次総合
計画の期限が切れ、新たな総合計画を策定する機会を 1 つのチャンスと捉
えることとした。

　総合計画は、目指す成果や成果の達成状況を表わす情報体系として、様々
な行政システムと個別計画群とのトータル仕組みを形成し、機能させる。総
合計画を中心とした行政評価の仕組みと予算を連動し、肥大化した施策・事
務事業のスクラップを推進する。そして、天草市の様々なシステムと個別計
画がバラバラに動くのではなく、総合的にトータルなものとして機能し、シー
ズンレビューによる PDCA サイクルを通じてより高い成果を生み出す仕組
みとして、トータルシステムを構築することとした。

図表 3-1「天草市の位置図」

出典：天草市観光パンフレット

総合計画を中心としたトータルシステム

　天草市の第2次総合計画の策定は、様々な制約から、実質的には、2014年度の約10ヶ月で行われた。策定期間は短期間であったが、政策企画課担当職員の尽力により、組織を7つに分けた専門部会と総合計画審議会が連携して策定した。

　第2次総合計画は、2015年からの8年間を計画期間とし、「基本構想（8年間）」「基本計画（前期・後期各4年間）」「実施計画（3年間）」の三層構造とした（図表3-2）。まず、「基本構想」は理念体系として、まちづくりの基本理念やまちの将来像に加えて、地域が目指す姿である「市民が住み続けたいと思う環境指標」を掲げた。

図表3-2「総合計画の構成イメージ」

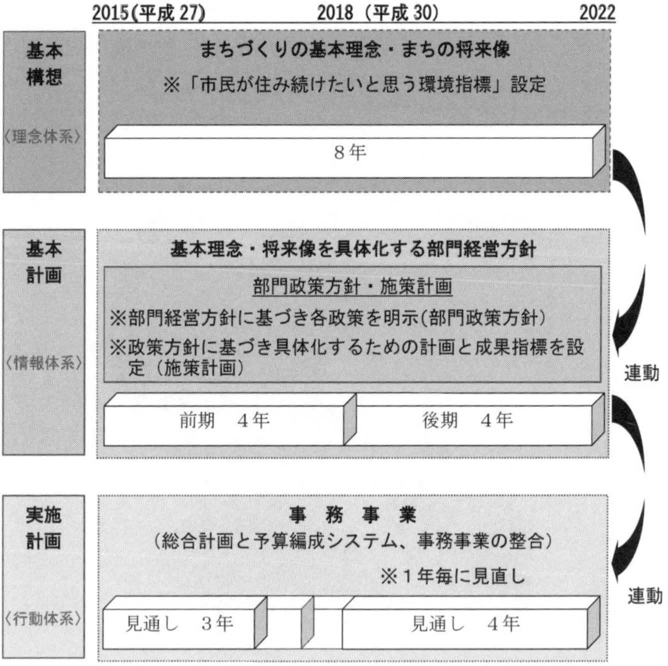

出典：第2次天草市総合計画

134

　総合計画の序論で「計画の総合化」や「行政システムの統合化」の指針を示し、総合計画を中心とした自治体経営のトータルシステム化を進める。基本計画の政策・施策体系では、施策計画と個別計画の関連と役割を明確にするため、関連計画として紐付けした。運用としては、前期基本計画の期間内に、全ての個別計画群の検証をした上で、統合化と体系化を行う方針とした。

　総合計画を中心とした自治体経営のトータルシステム化とは、行政システムの統合化（予算編成、目標管理、行政評価システム、人事評価、実施計画など）により、総合計画を中核に効果的に連動させるよう構築する。また、計画の総合化とは、個別計画群の見直し・改訂を行い、総合計画の目標年次・期限・部門政策方針などと整合させることとした。より具体的には、以下の「自治体経営のトータルシステム化指針」を説明しておく。

〈行政システムの方針〉

①総合計画を中心とした予算と評価の連動方針。

②実施計画の運用としてローリング方式。

③事務事業のスクラップアンドビルド。

④枠配分予算に基づく実施計画兼予算要求書の作成と調整。

⑤総合計画の進捗管理。

⑥総合計画と財政規律の連動。

⑦行政システムに関わる年間スケジュールの連動。

〈計画の総合化〉

①計画群の検証と位置づけの確認。

②個別計画の統合化と体系化。

③総合計画と個別計画の目標年次や周期の整合方針。

④総合計画と個別計画の連動方針。

⑤個別計画の自主策定の原則方針。

⑥審議会・委員会の統廃合方針。

　この「自治体経営のトータルシステム化指針」に基づき、試行錯誤を通じて、各種の行政システムを連動・統合させたトータルシステムとして、共通

の年間スケジュールで運用している。

　なお、この年間スケジュールは、天草市の総合政策課・財政課・総務課と
筆者らの政策アドバイザーによって、月1回程度、定期的に開催する総務・
企画専門部会において、継続的な検討と運用の試行錯誤を繰り返しながら構
築してきたものである。今後も試行錯誤を通じて年間スケジュールを改善し
続けていく方針である。

　評価指標をもとに「3つの改善」

　天草市のトータルシステムは、根拠となるデータ収集からはじまる。まず、
基本構想の「市民が住み続けたいと思う環境指標」と、基本計画の「成果指
標（アウトカム指標）」、実施計画の「アウトプット指標」といった総合計画
の各種指標の現状値を把握する。この現状値は、基本的には各課で把握する
ことになるが、作業の重複や手間などを減らすために、市民への調査は総合
政策課で一括して行うこととしている。

　こういったデータ収集後、「評価」を行うことになるが、外部評価を担う
総合政策審議会は、「三つの改善（やり方の改善、やることの改善、指標の
改善）」に基づき、検証を行う方針を掲げている。

　「やり方の改善」とは、自治体は通常予算編成をN年度に行うとすると、
評価に用いる情報はN−1年度の情報であり、反映するのはN＋1年度にな
る。2年前の情報であるため、情報の鮮度は落ちており、結果として、効果
的な改善とはならない可能性がある。そこで、天草市では、N年度の改善も
重視することとした。それが「やり方の改善」である。

　例えば、どのようなターゲットに事業を実施するのか、どういった情報の
伝え方をするのか、どの時期に事業を行うのかなど、事業の実施においては
「やり方」も重要である。すでに予算が付いている事業だとしても、こういっ
た「やり方の改善」を行うことで、より良い成果を達成できる可能性がある。

　「やることの改善」とは、「やり方の改善」の経験も踏まえて、総合計画で
掲げた目標の実現へ向けて、そもそもの「やること（事務事業）」が妥当か

どうかを検証した上で、「やることの改善」を通じて、事業の廃止、縮小、統廃合、スクラップ＆ビルドなどを行うことを想定している。

　天草市では、こういった検証プロセスを、次年度（N＋1年度）へ向けた予算編成のプロセスとすることを目指している。その際には、まず、内部評価、外部評価の結果として、「成果報告書」で示された評価結果を、次年度の経営方針策定や財政計画策定に反映することを想定している。

　そして、各課では、その内容を踏まえた「実施計画兼予算要求書」を策定し、総合計画の領域ごとに設定された7つの専門部会での検討を行うこととしている。

　「指標の改善」とは、このような運用を行っていくと、指標としてモニタリングする項目自体の妥当性が課題となることもあり得る。例えば、技術的に2年前の数値しかとれないのであれば、N年度の「やり方の改善」やN＋1年度の「やることの改善」に用いるのは無理が出てくる。また、指標を追加した方が、より示唆を多く得られることもあり得る。そこで行うのが「指標の改善」である。

　「やり方の改善」や「やることの改善」を行う中で、「指標の改善」の必要性が出てきたものは、総合政策審議会に提案の上、改善をしていくこととしたのである。

　外部評価を担う、総合政策審議会では、各種の指標のデータにより検証している。例えば、2014年度（策定時点）、2015年度、2016年度の3つの数値が示されている。この3つの数値を比較して、「A．継続して悪化」「B．前進していない」「C．このままでは目標が実現しない」といった傾向が示されたものについては、2017年度の「三つの改善」により、より深く報告を求めることとしている。

　特に「A．継続して悪化」に関するものは、目標とは逆方向に継続して向かっているため、これまでのやり方ではない、スクラップについての説明を求めることしている。このようなシステムを用いて、事務事業のスクラップを推進している。

部門別会議の継続

　自治体では、総合計画の策定にあたり、庁内の仕組みとして、部課を代表する職員によるプロジェクトチームを設置し、政策企画部門と連携しながら基本計画、実施計画の作業を行い、計画策定後はプロジェクトを解散する傾向がある。

　天草市でも、総合計画の策定時、同様のプロジェクトを設置した。しかし、総合計画策定後、2015年度から「トータルシステム指針」の運用目的で、専門部会を総合計画策定後も継続させることとした。

　総務企画部門（企画・総務・財政・行革）が経営改革の推進本部となり、7部門（2019年度から8部門の変更）を中心に自治体経営のトータルシステム構築に取り組んできた。

　専門部会の役割は、①政策・事業評価、②行政システムの統合化、③総合計画と個別計画の連携、③審議会・委員会の統廃合、③枠配分予算と実行計画との部門内調整などを担うこととした。例えば、部門内での総合計画の進捗管理の状況把握と各種調整、施策・事務事業の内部評価結果に基づく「やり方の改善」「やることの改善」「指標の改善」について調整を行い、その結果を総合政策審議会に報告をしている。また、部門内で重複する事業の調整や施策の効果を上げるため連携して取組むべき事業の調整も行っている。

　部門と政策アドバーザー（筆者）による定例会議が、5月と10月に開催される。検討事項は、総合計画と個別計画との期間、事業体系、実施の詳細計画、審議会の統廃合などの調整を行う。基本計画の施策計画に位置づけられいない事案について、改定の有無を判断し、その結果を総合政策審議会に報告している。審議会は計画内容を審議し、改定の必要がある事案は、市長に「総合計画の一部改定」を答申するシステムとなっている。

　このように、総合計画と個別計画との「計画の総合化」の取組みが評価され、市議会から市長充てに「天草市議会基本条例に規定する任意的議決事項の取り扱いについて通知」を受けた。

　その内容は、「総合計画と個別計画の整合に係わる検討結果の報告について（2019年5月31日）」に基づき、総合計画と個別計画の総合化の経過を踏まえ、任意的議決事項対象となる計画は『天草市総合計画基本構想及び基本計画』『定住自立圏形成方針』が対象となり、その他の個別計画は任意的議決事から除外された。」そのことにより、個別計画の議会報告の手続きが簡素化され、事務量の軽減が実現した。

　組織を上げて取り組んできた、行政システムのトータルシステム化の成果が徐々に見え始め、行政組織に変化の兆しが見えてきた。その具体的な内容を次のように整理した。

　①部課長に総合計画の目指す姿の実現に対して説明責任が芽生えてきた。

　②部門内、部門間の調整力が高まり総合行政が浸透してきた。

　③計画にない事業は予算をつけないルールが浸透した。

　④枠配分方式により、事業の統廃合に効果を上げてきた。

　⑤合併による肥大化した組織に、議論する風土が生まれてきた。

　総合計画に基づく、自治体経営改革の取組みから7年が経過し、その成果として、事務事業が1,400から750、個別計画が94から40に削減され、職員数が1,567人から1,048人にまで減少し、審議会等の統廃合も行われ、財政状況に改善の兆候が見えてきた。

　一方で、総合計画策定から7年が経過し、市長が替わり、担当部長と担当課長が3人、入れ替わり、総合計画担当者も4人目となった。他部門も同様に定期異動により担当者が入れ替わった。

　定期異動があるたびに、トータルシステムの理念と部門会議の役割が、必ずしもスムーズに継承されていない、組織上の課題やコロナ禍の現象も加わり（対面式の会議からリモート式の会議）、システムの形骸化の恐れが徐々に生じてきた。

第3次天草市総合計画の策定

　2021年2月、新たな市長の就任にともない、2022年度で期限が切れる、

第2次天草市総合計画見直しの検討が、総務企画部門を中心とした8部門と総合政策審議会で、2021年6月から検討がはじまった。

　天草市の最上位計画である総合計画に基づく取り組みの重要性は益々高まっている。また、新たな課題等に対応し、本市の永年にわたる発展に向け、市民と行政がともに創り上げる自治体経営を目指していく必要がある。

　そこで、総合計画の見直しにあたり、次のような視点を整理した。

①第2次天草市総合計画基本構想で掲げた「市民が住み続けたいと思う環境指標」22項の目標値の到達状況の分析と評価・検証の実施。

②市長が掲げたマニフェスト内容を政策・施策・事務事業に分類。

③社会経済状況の変化による新たな政策課題とコロナ禍による市民生活、市民活動への影響分析。

④2023年以降の中長期の財政と人口動態の見通し。

⑤法令にもとづく新規の個別計画と一部改正が必要な個別計画の把握。

⑥第2次天草市総合計画から引き継ぐべき事項の整理。

　庁内での検討を踏まえ「見直しフレーム」として、次のような論点を整理し、総合政策審議会において報告し、承認された。

①総合計画の構成と期間

　　総合計画は、「基本構想」、「基本計画」、「実施計画」によって構成する3層構造を継承する。計画期間は、基本構想は7年とする。基本計画は前期を2023年度から2025年度までの3年間とし、後期を2026年度から2029年度までの4年間とする。実施計画は3年間とし、毎年、内容の見直しを行うこととする。

②指標の設定における評価・改善

　　基本構想の目指すまちの姿の名称を「市民が住み続けたいと思う環境指標」から「ありたい姿」に変更する。

　　基本構想の「ありたい姿」の達成状況を市民と行政が共有し、評価と改善を行っていくために指標を設定する。指標は、「基本構想の指標」「基本計画の指標」「実施計画の指標」の3つの指標を連動させ、分析し、

評価を行うことで総合計画の実行性を高める。

③トータルシステムの更なる推進

　第2次天草市総合計画で取り組んできた「総合計画を中心とした自治体経営のトータルシステム」を更に推進する。また、総合計画と個別計画との整合を図り、計画の総合化を推進する。

④理念と「ありたい姿」と政策の紐付け

　将来像の実現のための5つの理念（「ともに学びともに育つまち」「つながり稼げるまち」「やさしさと安心のまち」「自然と共生するまち」「挑み続ける行政経営に取り組むまち」）を位置づける。そして、5つの「理念」と19の「ありたい姿」に36の政策を位置づける。

⑤行政評価を後押しする「行政経営改革大綱」

　総合計画と連動して行政経営改革を推進する「行政経営改革大綱」を見直し、具体的な行動計画を示す、アクションプランを策定する。

⑥部門会議の存続

　8部門会議を存続し、政策・事業評価、総合計画と個別計画の連携、枠配分予算と実行計画との部門内調整、行政経営改革大綱・アクションプラン評価検証などを担うこととする。

⑦総合計画の進捗管理

　総務企画部門と政策アドバイザーによる会議を継続し、トータルシステムの課題、行政経営改革の進捗管理、総合計画と個別計画との総合化を図ることとする。

⑧指標の設定と評価・改善

　総合計画の達成状況を市民と行政が共有し、評価と改善を行っていくための指標を設定する。また、「基本構想の指標」「基本計画の指標」「実施計画の指標」の3つの指標を連動させ、分析し、評価を行うことで総合計画の実行性を高めていく。

　基本構想の「ありたい姿」の実感度や実現度、基本計画の政策および施策計画の取り組み状況などを踏まえ、ロジックモデルを検証し「やり

　方の改善」「やることの改善」を明確にし、毎年総合計画の見直しを行い、
　必要に応じて総合計画の改定を行う。

　このように、第3次天草市総合計画は、本市の将来像を明確に描き、市
民と行政が共創して将来像を実現する理念や基本的な方策を明らかにしたも
のである。

　また、総合的、長期的な計画として、本市における最上位の計画として位
置付け、次のような役割を担っている。

①本市の将来像と、それを達成する、理念やありたい姿を総合的かつ体系
　的に示し、計画的に市政を運営していくための指針。

②市民をはじめ各種団体や事業者などに本市の指針を示し、理解と協力を
　得ながら、まちづくりへの参画を求める。

③第2次天草市総合計画に引き続き、総合計画を中心とした本市におる
　各種行政システムのトータルシステム化を進める。

　このような「見直しフレーム」に基づき、第3次天草市総合計画が作成
され、議会の承認を得て、第3期目が2023年4月からスタートした。

2　自治体経営をどう変革させたか

（1）職員の意識変革

　行政経営改革の流れや仕掛け方には、トップダウン型とボトムアップ型が
ある。トップダウン型は、首長の行政経営改革に対する方針を踏まえ、管理
職が主旨を汲み取り、現場に落とし込むことで、組織の生産性や組織内部の
合理化を進める手法である。

　トップダウン型のメリットは、首長や管理職が決定を下すため、意思決定
がスピーディーに行われる。社会状況の変化や目まぐるしいスピードで環境

変化が起き、迅速な判断が求められるシーンはトップダウンのほうが適しているといわれている。

デメリットは、トップダウン型組織においては、首長や管理職が決定した方針に基づいて行動することが求められるため、現場の職員の主体性や創造性が阻害され、「上に言われたことをやるだけ」という指示待ち人間になるおそれがある。また、自分の意見やアイデアが反映されないことから、モチベーションの低下を招く恐れがあるといわれている。

一方、ボトムアップ型は、管理職などの上層部が現場の職員の意見を積極的に吸い上げ、それをもとに意思決定をすることで行政経営と現場をつなぐ「結節点」として管理職が役割を担う手法である。

ボトムアップ型のメリットは、現場のアイデアや提案を尊重するスタイルなので、職員は自分たちが組織の一員であることを実感しやすく、組織に対する帰属意識が高まり、貢献意欲やエンゲージメント（職員の組織に対する愛着心や思い入れ）も向上しやすくなるといわれている。

デメリットは、現場の職員からアイデアや提案を集め、上層部がそれらを統合して首長に伝え意思決定をしていくため、多くの意見・提案から最適解を探っていくのは容易なことではなく、意見が真っ向から対立するケースもある。結果的に、意思決定をするまでに時間が、かかりがちとなるといわれている。

天草市の行政経営改革のはじまりは、合併により肥大化した行政システムが組織の生産性を低下させ、システムが全体として効果的に機能していないことに「気づいた」政策企画課の職員が、危機感を募らせ、その発意が行政経営のトータルシステム改革の発出となった。

このような視点から、総務企画会議や部門別会議におけるトータルシステム化を通じて、職員の意識変革により、「どのような成果が生まれ、達成されたか」あるいは、「どのような課題が新たに生まれか」について振り替える。

総合計画を中心としたトータルな仕組みを形成し、行政経営を機能させるシステム改革を8部門の参画を得て、「ボトムアップ型によるアドバイザー

との連携方式」で実践してきた。

　定期的な人事異動により、改革の第一世代が移動し、次々と職員が入れ替わることにより「行政経営改革の魂」が、徐々に変質してきた。自治体の定例的な人事異動はあたりまえであるが、職員から職員への継承が上手くできず、作り上げた「システム」が、徐々に硬直化し、中身についての活発な議論が影を潜め、事務手続きと化し、システム形骸化の恐れが生じてきた。

　ボトムアップと政策アドバイザー連携型の大前提になるのが、現場の職員が遠慮なく意見を述べることである。上司に気を遣ったような意見や周囲に合わせたような意見ではなく、忌憚のない率直な声がたくさん上がってこなければボトムアップは機能しない。政策アドバイザーも専門的視点から、現場の声を尊重し、あるべき方向や苦言を述べ、時には大激論を展開し、「いやな役回り」を演じることも必要となる。そのためには、常日頃から職員が発言しやすい雰囲気をつくる組織風土が求めれる。また、職員と政策アドバイザーとの距離感を近ずけ、コミュニケーションが密になることで、情報共有や問題解決がしやすくなる。

（2）行政経営システムの構築

　これまで、自治体は流行の仕組み（事業評価時のアセスメント、事業仕分け、行政サービス改革など）を新たに導入することが「先進」の自治体であるような風潮があった。いくら、新たな仕組みを導入しても、地域経営や行政経営の方向性を示す総合計画が形骸化し、システム全体として効果的に機能しいないと、単に手法が増えただけとなる。重要なことは総合計画を中心としたシステム全体として機能することである。

　天草市のトータルシステムとは、「行政システムの総合化（予算編成、事業評価、組織管理、人事評価、研修システムなど）」と「計画の総合化（各種個別計画）」の指針を示し、総合計画を中心に、自治体経営のトータルシステム化を進め、システム全体として機能させることである。

　トータルシステムの構築により、行政内部の事務量の軽減、屋上屋を重ねたシステムの統廃合、目標管理（総合計画の施策・事業）と人事評価との連動による成果主義の徹底、総合計画を最上位とした計画体系による政策・施策の総合化などの効果が期待される。

　「総務部門」は目標管理、人事評価、定員管理、人材支援システムなど。「財政部門」は予算編成システム、枠配分システムなど。「政策企画部門」は行政評価システム、行財政改革システム、公共施設等総合管理マネジメントシステムなど、「ヒト・モノ・カネ」に係わる根幹の行政経営システムを有している。

　このような視点から、トータルシステム化が職員の意識変革により、「どのような成果が生まれ、達成されたか」あるいは、「どのような課題が新たに生まれたか」について振り替える。

　具体的なトータルシステム（図表3-3）のアプローチは、各種の行政システムを連動・統合させて、共通の年間スケジュールで次のように運用している。

①4月中旬頃：目標管理と人事評価

　　総合計画の政策施策と事務事業の部・課・係の組織目標を掲げ、それをもとに職員が自らの業務目標を明らかにし、管理職によるヒアリングを通じて、業務の成果を人事評価に反映することで、各主体の説明責任を明確化する。

②4月～5月頃：事務事業の内部評価（やり方の改善）

　　評価に用いる情報はN−1年度の情報であり、反映するのはN＋1年度になる。2年前の情報であるため、情報の鮮度は落ちている。そのため、予算の執行にあたり事業の手法、手段、事業費内訳を点検し、N年度の事務事業の改善を重視する「やり方の改善」を実施している。

③5月頃：部門別ヒアリング（総合計画と個別計画の点検）

　　総合計画と個別計画の整合の有無、審議会・委員会の統廃合の進捗状況を確認する総務企画部門と政策アドバイザーによる会議の実施。

図表 3-3「第 2 次天草市総合計画　運用プロセス」

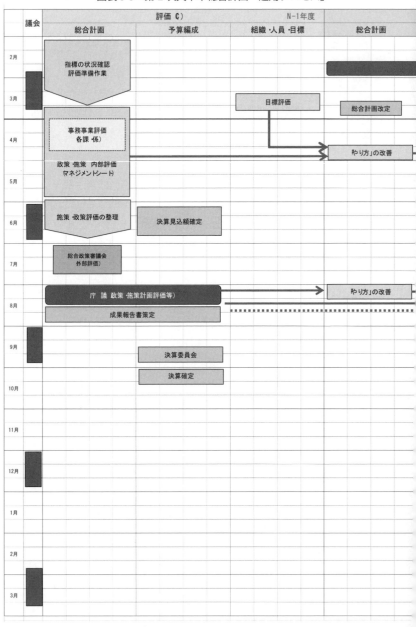

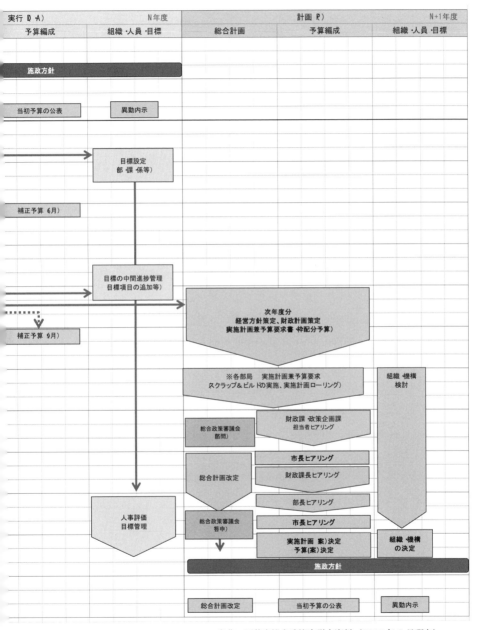

出典：天草市総合政策審議会資料（2017年2月現在）

④7月頃：行政経営審議会（やり方の外部評価）

　　事務事業に対する内部評価による「やり方の改善」を踏まえ、審議会
による外部評価、評価の結果を通じて、部門の改善内容を評価する。

⑤8月頃：庁議（政策・施策評価などの確認）

　　事務事業の内部評価に対する、外部評価結果に基づく改善内容につい
て、庁議で確認する。

⑥8月〜9月頃：次年度に向けた「やることの改善」

　　庁議結果を踏まえ、総合計画で掲げた目標の実現へ向けて、そもそも
の「やること（事務事業)」が妥当かどうかを検証した上で、「やるこ
との改善」を通じて、事業の廃止、縮小、統廃合、スクラップなどを行
う。そして、部門ごとに、目標管理の進捗状況、次年度施策・事業に伴
う人員配置のヒアリングを行う。

⑥9月頃：次年度天草市経営方針と財政計画方針

　　次年度天草市経営方針と財政計画方針を公表。部門の施策・事務事業
の「やることの改善」内容を予算書に反映。

⑦10月頃：部門別ヒアリング（個別計画等の改定内容の確認）

　　個別計画等の改訂内容を確認し、総合計画基本計画の政策・施策の改
定が必要な事案を、行政経営審議会に諮る。

⑧10月頃：行政経営審議会

　　次年度、施策・事務事業の「やることの改善」内容、個別計画の改定
内容の審議を行う。

⑨10月〜12月頃：各部局実施計画兼予算要求

　　各部局実施計画兼予算要求書に基づく、財政課・総合政策課ヒアリン
グ及び理事者査定を実施する。

⑩12月頃：個別計画改定

　改定する個別計画を一斉に、パブリックコメントを実施する。

⑪2月頃：実施計画の改定・予算案の決定

　実施計画の改定及び予算案を決定する。

⑫ 2月頃：人事評価・目標管理の検証

　　総合計画と事務事業の目標管理の進捗状況を確認し、人事評価へ反映
　させる。

　このような、行政経営のトータルシステム化の成果として、総合計画を中
心に各種の行政システムを位置づけることにより、職員が年間スケジュール
を勘案して時間軸ごとに、メリハリのある業務日程を組むことが可能となっ
た。また、予算の枠配分と個別計画の点検を通じて、部門内の連携が強まっ
てきた。そして、何よりの効果は部課長に総合計画の目指す姿を実現させる
ための説明責任が芽生えたことである。そして、職員に対して総合計画実施
計画に位置づけがされていない事務事業は、予算を付けないルールが浸透した
ことである。

　他方、トータルシステム化の試行がはじまってから8年が経過し、組織
の若返りにより、総合計画を中心とした「トータルシステム化を知っている
か否かの緊急職員アンケート」を、2022年4月に実施したところ、53％
の職員が知らないことが明らかになった。

　第3次総合計画の策定作業中に、総務企画部門に激震が走り、管理職や
業務の中心を担う職員には理解をされていたが、若い職員を中心に「行政経
営のトータルシステム化」が浸透していないことが、明らかになった。この
ことを踏まえ、トータルシステム職員研修の充実を図ることとした。

（3）政策の選択・集中と財政健全化

　天草市の財政構造は、2020年度決算カードによると、歳入のうち「地方税」
が11.2％、「地方交付税」が33.8％、国庫支出金が26％、地方債が7.9％と、
同年の地方税全国平均33.6％と比べると22.4％低く、地方交付税の比率が
高い財政構造となっている。

　特に、地方交付税のうち、合併特例債や地域振興立法（過疎法、離島振興
法、山村振興法）の指定に伴う財政措置による補助金、地方債の特別配慮な

どの特例措置の恩恵を受けている。

　歳入の経年変化を見ると、2008年の歳入総額が約508億円、2015年が約569億円、2020年が670億円と、合併以降1.32倍に歳入が増加している。その要因は、合併特例債の期限延長と地域振興立法の指定による恩恵を受け、庁舎、中央図書館、消防署、地域博物館、スポーツセンターなど、「ハコ物」の新設事業や旧2市8町の役場機能の充実事業、移住定住促進事業などに財政投資が向けられてきた。

　第2次総合計画（2015年〜2022年）期間の行政経営改革大綱の財政見通しによると、合併算定替削減期間2015年と2022年と比較すると年間に地方交付税が43.7億円に減額されることになる。このような財政の逼迫を回避するため、総合計画の施策・事務事業の選択と集中を図りながら、行政経営改革大綱とアクションプランを連動し、事業費の削ぎ落しを行う方針とした。

　このような方針に基づき、職員の意識変革により、「どのような成果が生まれ、達成されたか」あるいは、「どのような課題が新たに生まれか」について振り返る。

　アクションプランに基づき歳出削減、歳入確保項目として次のような方針を示した。

　〈歳出削減項目〉

　①中期経営計画に沿った計画的な経営（国民健康保険事業）。

　②使用料の見直しと平準化及び使用料等の徴収率の向上。

　③水道事業と簡易水道事業の料金体系の統合。

　④社会体育施設の管理のあり方の見直し。

　⑤公立保育所の民営化の推進。

　⑥公立児童館の管理運営方法のあり方の見直し。

　⑦農業施設管理のあり方の見直し。

　⑧観光施設の管理のあり方の見直し。

　⑨学校給食施設の統廃合と給食調理業務の民間委託。

⑩市営住宅管理の効率化。

⑪定員管理の適正化と特別職の給与削減。

⑫市民参画による公園維持管理のあり方の見直しなど。

〈歳入確保項目〉

①市税等の徴収率向上。

②市有財産の利活用と売却の推進。

③新たな収入源の開拓。

　このように、歳出削減の目標「効果額（3,700,000千円）」を設定し、施設などの維持管理コスト削減、公共サービスの民営化、公共施設の統廃合、市民活動団体への委託、人件費の削減、行政内部の合理化によるコスト削減などの手法を用いて行政経営改革を推進した。

　一方、歳入確保の目標「効果額（460,000千円）」を設定し、資産売却、税収率の向上などを推進し、歳入・歳出合計で4,160,000千円の財源効果目標を掲げた。その結果、歳入・歳出合計効果額、4,229,381千円の効果額を達成することができた。

　各課が歳出削減のアクションプランを策定し、実行に移すプロセスの中で、徐々にコスト意識が高まってきた。公共サービスの民営化の推進にあたり、市民への説明や事業者候補の選定に苦慮しながら、施策の推進にあたるなど、肥大化した歳出の削減に向け、職員の危機意識が高まった結果といえる。

コラム⑤
国の特例措置を使いこなすしたたかさ

　地域振興立法５法とは、条件不利地域を対象とした、５つの法律（特定農山村法、過疎法、山村振興法、半島振興法、離島振興法）の総称で、特定農山村地域における農林業等の活性化のための基盤整備の促進に関する制度である。地域指定がされると国の負担又は補助の割合の特例、地方債の配慮がなされ、大変有利な財政措置である。

　天草市は、過疎法、山村振興法、離島振興法の指定と合併特例債の恩恵を受けている。職員は施策や事務事業の実施にあたり、少しでも有利な財源確保を図るため、過疎法、山村振興法、離島振興法をどのように活用すべきか、日々研究を重ねている。

　また、東川町では、辺地とその他の地域との間における住民の生活文化水準の著しい格差の是正を図るため、公共的施設などの整備を行う事業の財源として特別に発効が認められた辺地対策事業債を積極的に活用している。

　天草市や東川町では、財政の逼迫を回避し、財政規模の拡大により、生活環境整備や地域活性化に必要な公共事業を行うため、地域振興法や辺地債を積極的に活用し、一般財源を可能な限り削減する、財政運営を行っている。国の使える有利な制度を徹底的に研究し、可能な制度を使い込む、使い回す努力をしている。

　一方、金ケ崎町や大木町では、都市構造が異なるため、地域振興法の指定や辺地債の対象とならない自治体である。歳入の大半を住民税と地方交付税、国庫支出金などで賄うため、自ずと財政規模の拡大による公共投資には限界が生じてくる。歳入を増やす措置として、ふるさと納税

やクラウドファンディングなどに頼らざるをえない状況にある。

　財政規模の拡大の観点から見ると、一種の不均衡な実態が見え隠れするようにも思える。

　それでは、何故このような法律が必要なのか。一般的には「国土の均衡ある発展」とされているが、より具体的にその内容を見てみると、「所与の制約条件があるため、自力でうまく発展がはかれないような地域を対象に、国が地域格差の是正を図る観点から支援する」と法令に記されている。地域格差が是正されれば、法律は不要となるはずなので、通常は時限立法で制定されている。しかし、法律の失効時期が到来しても、地域格差がまだ是正されていないという判断がなされ、その失効期間が延長されているのがほとんどである。

　例えば、「旧過疎地域活性化特別措置法」が2000年に失効して、新たにその内容を受け継ぐ「過疎地域自立促進特別措置法」が制定されたように、衣替えした新法の形で存続している例などがある。

　同様に合併特例債は「平成の大合併」を促すため、2005年度までに合併した市町村を対象とした優遇策の一つである。合併で必要となる新庁舎など施設整備の費用に充てるため、国が返済額の7割を負担する特例措置である。この特例債も再三、災害や全国的な建設需要の高まりで公共事業の入札不調が相次ぎ、発行期限内に整備を終えられない市町村から延長を求める声があり、超党派の議員立法で法案が提出されている。

　このように、事例の多くが議員立法であるのは、地元への利益誘導を図る色彩の強いものといえるのではないか。

第2節　1村9町の合併で誕生した「栗原市」が
目指した政策選択

1　未来予測による「地域の脆弱性への適応性」の検討

自治体が直面する地域の脆弱性

2005年4月1日に、宮城県旧栗原郡1村9町（築館町、若柳町、栗駒町、高清水町、一迫町、瀬峰町、鶯沢町、金成町、志波姫町、花山村）による合併が行われ、宮城県内最大の市域面積約800㎢、人口規模約75,000人の栗原市が誕生した。

宮城県栗原市は、内陸北部に位置し、面積の8割が森林や田畑という緑豊かな田園のまちである。岩手県と秋田県にまたがる標高約1,623mの栗駒山を背景に、迫川、二迫川、三迫川の支流流域には、水田が広がり、北西部は山地、中部・南東部では河川沿いの低地と丘陵が広がり、肥沃な大地の恵みをうけ、農業が盛んなまちである。

栗原市は、社会経済状況の急峻な変化や中山間部の高齢化、人口減少の急激な進展など、市政を取り巻く環境の変化に対応する自治体経営を目指して、旧町村の分散型構造から、一体性、連携に配慮した総合的な都市構造に改めていくために、2012年に「栗原市総合計画」の改定を行った。

栗原市は全国に先駆けて、慶應義塾大学グリーン社会ICTライフインフラ研究センターと共同し、気候変動データを用いた健康医療、エネルギー、農業分野、情報通信システム、自治体情報における地域の脆弱性に適応する

計画のあり方に関する実証フィールドワークを実践し、地域の社会関係資本（注-1参照）を高めることで、持続可能な地域づくりに向けた調査研究を共同で行ってきた。

筆者は、慶應義塾大グリーン社会ＩＣＴライフインフラ研究センターの自治体情報研究チームに所属し、自治体の政策や計画体系の在り方、活用される可能性のあるデータや情報などを調査・研究した上で、グリーン社会ＩＣＴライフインフラを用いた、政策・計画などの形成や評価の在り方を示すことに取り組んできた。

そして、その成果をもとに、2013年度〜2014年度に、栗原市での実践的な調査・研究を推進した。地域構造や地域特性を踏まえ、分野別計画群に関わる関係各課とのヒアリング、意見交換から職員の「気づき」を収集して、課題解決を図るため人口構造データと気候変動データの持つ役割や施策・事業の質的転換を促すデータを整理した。そのデータを情報プラットフォームとして共有化の観点から、現状把握、分析・整理を行い、気候変動（注-2参照）などに適応する実践的な行政情報体系のあり方を導くアプローチを探った。

人口構造の変化による脆弱性

自治体の持続可能性に影響を与える「脆弱性」を検討するには、未来を多角的に予測することが求められる。自治体の地域に影響を与える脆弱性とし

注-1）社会関係資本（ソーシャルキャピタル）
アメリカの政治学者ロバート・パットナムは、「信頼・規範・ネットワークが重要な社会的仕組みの中では、人々が活発に協調行動をすることによって、社会の効率性を高めることができる」とし、それが社会関係資本（ソーシャルキャピタル）の概念となった。

注-2）気候変動
気温および気象パターンの長期的な変化を指す。これらの変化は太陽周期の変化によるものなど、自然現象の場合もありますが、1800年代以降は主に人間活動が気候変動を引き起こしており、その主な原因は、化石燃料（石炭、石油、ガスなど）の燃焼である。

て、「人口構造の変化」と「気候変動」がある。

　日本の人口は 2008 年の 1 億 2808 万人でピークを迎えたといわれ、すでに人口減少社会に入っている。栗原市などの地方都市では、大都市圏よりも先行して人口減少、少子・高齢化社会に直面し、栗原市の人口ピラミッドの構造は（図表 3-4）、日本の 20 年後の姿を先行している。

　　図表 3-4「栗原市と全国の人口ピラミットの比較」

【栗原市の人口ピラミット：2010 年】

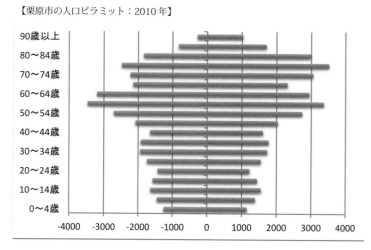

【日本の人口ピラミット：2030 年】

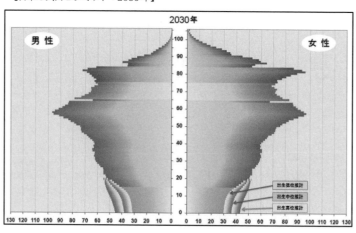

　人口減少社会や人口構造の変化により、自治体の様々な地域の脆弱性に直面することが予測される。

　例えば、次のようなことが指摘される。

①生産年齢人口の減少は、現状の税制では税収減を意味する。他方、人口ピラミッドの構造が変化していくことで、住民ニーズも変化し、多様化・複雑化することになる。結果として、歳入が減少し、歳出が増加する慢性的な財政逼迫を招く恐れがある。

②経済成長期に整備された、社会インフラの更新期を向かえている。当時の公共施設などの整備にあたっては、人口密度をもとに配置され、人口減少の状況下では、そのまま維持することが困難となる。また、人口構造の変化による公共施設などの社会的寿命への対応も課題となる。

③地域コミュニティにおいて、住民が相互に支え合ってきた活動の持続性が危機に直面する。高齢者同士が支え合う状況が想定されるが、高齢者による相互扶助には限界がある。また、利用者減少による公共交通の縮減は、高齢者の移動が困難性を増すことになる。また、集落での祭りなどの担い手不足と合わさり、人々が出会いにくくなる状況が増加することが予測される。その結果、地域の協働を通じて培ってきた「社会関係資本」の持続性を脅かすリスクに直面する。

④地域経済では、農林水産業の担い手の平均年齢が上昇し、産業の持続可能性が課題となる。また、担い手不足に起因する耕作放棄地の増加や、次世代の流出による山林管理の不在者が増加している。

気候変動による地域の脆弱性

　気候変動は、地球規模の課題であるが、その変動による影響は、自治体の政策にも影響を及ぼす。自治体による地球温暖化などを緩和する政策推進に加えて、気候変動に伴うリスクに適応する政策が求められている。

　慶應義塾大学グリーン社会ＩＣＴライフインフラ研究センターが地域の脆弱性に対する適応性のあり方に関する調査研究（図表3-5）において構築し

図表 3-5
「気候変動予測データを用いた自治体の政策や計画形成に関する調査研究の仕組み」

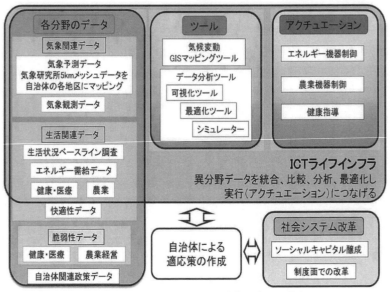

出典：グリーン社会ＩＣＴライフインフラ

た気候変動データから、栗原市を5キロメッシュ、64エリアごとに平均気温や積雪量、全天候日射量など、現在・近未来・21世紀末の予測を抽出した。そのデータを読み込むことで、様々な気候変動による地域の脆弱性が予測された。

　例えば、真夏日の増加や冬期の寒暖差による健康リスク増大に適応する健康政策や、多雨や干ばつ、台風や寒波等の強大化、積雪量の変化などによる農作物の被害を緩和する政策、平均気温や湿度、水温等の変化による作付け作物の転換などに適応する政策などが求められることになる。また、ゲリラ豪雨や大型台風などによる洪水や河川氾濫、土砂災害、孤立集落の発生などのリスクも高まっており、そのための政策展開も必要となる。

　こういった状況は、特に、環境との共生を前提とした、農林水産業や生活スタイルを持つ離島や中山間地域を有する自治体が、直面しやすいものとなる。だが、このような自治体は、規模が小さいものが多く、また、人口構造

の変化に伴い、その政策展開が限界にきている状況にある。

予測データ整備による政策示唆の支援

　自治体計画の形成や評価などにおいて、何らかの「予測データ」を用いることで、より踏み込んだ検討が可能となる。そこで、予測データを多角的に整備することによって、自治体が直面する脆弱性への適応策の検討がこれまで以上に可能となるかを、調査・研究することとした。

　具体的には、まず、「自治体計画体系と活用データの分析」として、自治体の計画体系の傾向把握（分野別計画）や総合計画の体系などの把握を行った上で、各種計画で活用されているデータの把握を行った。そして、自治体の計画体系において活用する「予測データの設定と政策示唆の検討」を行った。

　栗原市では、9分野に47の分野別計画が策定されていた（図表3-6）。この計画体系と、栗原市の地域構造（10地区、253自治会）を参考に、各種計画で活用するデータの役割や特性、取得方法、スケール（市域全体、地区、自治会）や周期性等の分析を行った。

図表 3-6「栗原市の分野別計画群」

No.	計画名	所管課	現在の計画期間（平成）
1	栗原市地域防災計画	総務部 危機管理室	19年 3月　　日〜　　年　　月　　日
2	栗原市国民保護計画	総務部 危機管理室	19年 3月　　日〜　　年　　月　　日
3	栗原市除染実施計画	総務部 危機管理室	24年 4月 1日〜26年 3月31日
4	栗原市まちづくりプラン	企画部 企画課	17年 4月 1日〜27年 3月31日
5	栗原市総合計画	企画部 企画課	19年 4月　　日〜29年 3月　　日
6	栗原市国土利用計画	企画部 企画課	19年 4月　　日〜29年 3月　　日
7	栗原市震災復興計画	企画部 企画課	20年 4月 1日〜29年 3月31日
8	栗原市過疎地域自立促進計画	企画部 企画課	22年 4月 1日〜28年 3月　　日
9	第2次栗原市行政改革大綱	企画部 行政管理課	22年 4月 1日〜31年 3月31日
9-1	集中改革プラン【中期】	企画部 行政管理課	25年 4月 1日〜27年 3月31日
10	くりはら男女共同参画推進プラン	企画部 市民協働課	19年　　月　　日〜28年　　月　　日
11	栗原市環境基本計画	市民生活部 環境課	20年 4月 1日〜30年 3月31日

No.	計画名	担当課	開始年	月	日	〜	終了年	月	日
12	栗原市一般廃棄物処理基本計画	市民生活部 環境課	21年	4月	1日	〜	30年	3月	31日
13	栗原市分別収集計画	市民生活部 環境課	23年	4月	1日	〜	27年	3月	31日
14	栗原市障害者基本計画	市民生活部 社会福祉課	24年	4月	1日	〜	30年	3月	31日
15	栗原市地域福祉計画	市民生活部 社会福祉課	24年	4月	1日	〜	29年	3月	31日
16	栗原市高齢者福祉計画	市民生活部 社会福祉課	24年	4月	1日	〜	27年	3月	31日
17	栗原市障害福祉計画	市民生活部 社会福祉課	24年	4月	1日	〜	27年	3月	31日
19	栗原市次世代育成支援行動計画(後期)	市民生活部 子育て支援課	24年	4月	1日	〜	27年	3月	31日
20	くりはら市民21健康プラン	市民生活部 健康推進課	23年	4月	日	〜	28年	3月	
21	栗原市食育推進計画	市民生活部 健康推進課	25年	4月	日	〜	30年	3月	日
22	栗原市国民健康保険特定健康診査等実施計画	市民生活部 健康推進課	25年	4月	1日	〜	29年	3月	31日
23	栗原市介護保険事業計画	市民生活部 介護福祉課	24年	4月	1日	〜	27年	3月	31日
24	栗原市森林整備計画	産業経済部 農林振興課	21年	4月	1日	〜	30年	3月	31日
25	農業経営基盤の強化の促進に関する基本的な構想	産業経済部 農林振興課	25年	4月	1日	〜	33年	3月	31日
26	栗原市有林将来ビジョン	産業経済部 農林振興課	25年	月		〜	34年	月	
27	栗原市森林集約化推進実施計画	産業経済部 農林振興課	22年	4月	1日	〜	27年	3月	31日
29	栗原農業振興地域整備計画	産業経済部 農林振興課	21年		日	〜	25年	月	
30	栗原市森林集約化推進計画	産業経済部 農林振興課	22年	4月	1日	〜	27年	3月	31日
31	森林経営計画	産業経済部 農林振興課	25年		日	〜	29年	月	
32	(仮称)有機農業栗原地域振興計画	産業経済部 農林振興課	24年		日	〜	28年	月	
33	栗原市酪農・肉用牛生産近代化計画	産業経済部 畜産園芸課	23年	月		〜	27年	月	
34	栗原市園芸振興計画	産業経済部 畜産園芸課	23年	7月	1日	〜	28年	3月	31日
37	栗原市公営住宅等長寿命化計画	建設部 建築住宅課	23年	4月	1日	〜	33年	3月	31日
38	栗原市耐震改修促進計画	建設部 建築住宅課	20年	4月	1日	〜	28年	3月	31日
39	栗原地域住宅等整備計画・栗原地域住宅計画	建設部 建築住宅課	23年	4月	1日	〜	28年	3月	31日
42	栗原市公共下水道全体計画(変更計画)	上下水道部 下水道課	20年	4月	1日	〜	33年	3月	31日
43	栗原市公共下水道事業計画(認可変更)	上下水道部 下水道課	21年	4月	1日	〜	27年	3月	31日
44	栗原市循環型社会形成推進地域計画	上下水道部 下水道課	21年	4月	1日	〜	26年	3月	31日
45	(仮称)栗原市下水道施設長寿命化計画	上下水道部 下水道課	25年	4月	1日	〜	30年	3月	31日
46	栗原市病院事業第二次経営健全化計画	医療局 医療管理課	24年	4月	1日	〜	28年	3月	31日
47	栗原市立学校再編計画「実施計画・後期計画」	教育部 教育環境推進室	25年	6月	1日	〜	31年	4月	30日

　例えば、データ活用の実態として、各種計画では、市民へのアンケート調査や事業実施における経年推移を示すデータなど、根拠に基づき計画の策定

は行われていた。一方、未来を予測するデータは、将来人口推計が用いられているが、入手困難性などもあり、気候変動データは活用されていなかった。データ共有として、技術的な困難さもあり、大半が「係」もしくは「担当」での保管となっており、庁内での情報共有は、ほとんど行われていなかった。

　データのスケールは、全市レベルの、国や県が提供するデータや、日常業務で蓄積したデータなど（図表3-7）が用いられていた。他方、現場での活用ニーズが高いと想定される、10地区や253自治会単位の地域構造や特性に基づくデータは、ほとんど存在していなかった。

　栗原市の計画体系を念頭に、将来起こり得る事象を予測し、地域の脆弱性に対して、何らかの示唆を与えることができる予測データを構築し、政策への示唆を検討した。具体的には、9の計画部門を念頭に、人口構造の変化や、気候変動等に関わる予測データを把握した上で、政策に示唆することを検討した。

　分野別計画に用いられたデータには、どのような特性があるか分析した。分析にあたっては、計画の目標や施策体系、事業計画ごとにデータを把握分類するとともに、データソースやデータの取得方法、データのスケール、予測性の有無、データ加工の有無といった様々な視点に立脚して行った。

図表 3-7「分野別の計画のデータ傾向の把握」

	①人口予測	②過去の計画推移	③計画対象者	④住民ニーズ	⑤要望・聞取	⑥社会経済動向	⑦国等の算式	⑦自然環境変化量	⑧その他	データ利用の有無	母数
1. 健康・福祉・医療系	61.50%	★73.1%	★76.9%	★92.3%	38.50%	38.50%	53.80%	▲0%	▲15.4%	96.20%	26
2. 教育生涯学習系	71.40%	71.40%	100%	85.70%	71.40%	57.10%	28.60%	0%	14.30%	1005	7
3. スポーツ・文化系	100%	100%	100%	100%	100%	100%	100%	100%	0%	100%	1
4. 経済・産業系	▲26.3%	★73.7%	▲31.6%	▲36.8%	▲21.1%	▲26.3%	▲26.3%	▲26.3%	▲15.8%	84.20%	19
5. 建設・都市・まちづくり系	48.10%	55.60%	44.40%	48.10%	▲18.5%	▲18.5%	▲11.1%	▲14.8%	▲7.4%	81.50%	27
6. 環境・資源・ゴミ処理系	65%	45%	55%	★80%	▲30%	▲15%	▲25.%	▲30%	▲10%	100%	20
7. 防災・災害系	36.40%	36.40%	27.30%	36.40%	27.30%	0%	45.50%	27.30%	18.20%	81.80%	11
8. 住民自治系	57.10%	57.10%	42.90%	71.40%	28.60%	42.90%	29%	0%	0%	85.70%	7
9. 総務・財政系	70%	70%	100%	70%	0%	0%	0%	0%	30%	100%	10
総計	53.10%	60.90%	53.90%	63.30%	32.80%	28.90%	28.90%	15.60%	13.30%	90.60%	128

① 健康・福祉・医療系：住民ニーズを把握し、過去の統計推移なども活用。環境よりも計画対象者数を　把握している
② 経済・産業系：過去の統計を活用。人口や住民ニーズはあまり使わない
③ 建設・都市・まちづくり系：データは使うが、割合がそう高くない（下水や交通、施設など多岐にわたるためか？）
④ 環境・資源・ごみ処理系：住民ニーズと人口予測を活用

図表 3-8「栗原市の将来予測：自治会と相互扶助録の持続可性」

【限界自治会の将来発生予測】

【相互扶助力の将来発生予測】

住民自治部門の検討

　実際の分析は、栗原市の職員と筆者を含め慶應大の研究スタッフが連携して、多角的に行ったが、ここでは、「住民自治部門」における象徴的な予測分析を紹介しておく。

　自治会ベースの人口統計データを用いた「限界自治会」と「相互扶助力」の将来モデルを開発した。実際に「消滅可能性」があるのは自治体そのものよりも、自治体を構成する自治会など、地縁組織の集合体による「地域」と考えるのが妥当であろう。

　自治会は組織数においても加入数においても最大の規模のものであり、日

本の市民社会を捉える上でかくことのできない組織であり、地域の持続可能
性の存在に大きく関わるファクターといえる。

　栗原市の全253自治会について、2040年までの5年刻みで「限界自治
会（65歳以上の人口が50％を超えている自治会）」と「相互扶助力（高齢
者1人当たりの生産年齢人口）」の将来予測を行った（図表3-8）。

　2035年には、限界自治会と準限界自治会が逆転すること、相互扶助力は、
限界自治会の発生よりも早く低下し、2040年には、全体の57％の自治会
が生産年齢人口0〜1人未満で、高齢者1人を支える構図が予測された。

　また、限界自治会の発生には、市街地・平野部・中山間地、山間部の比較
（図表3-9）では、いずれの地区においても準限界自治会が限界自治会に置き
換わり、限界自治会が増加していく、特に、山間部の花山地区では増加の程
度が著しい。

　市街地の築館地区では、推計期間にわたって存続自治会が維持されるが、
中山間地の金成地区では徐々に減少し、平野部の高清水地区や山間部の花山
地区では存続自治会はなくなる。

図表3-9「地域構造別4地区における限界自治会発生の将来予測」

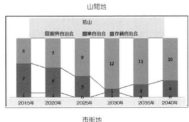

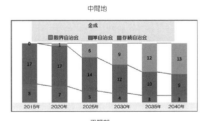

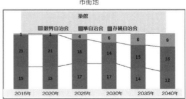

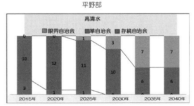

　次に地域内の相互扶助力（図表3-10）の発生は、いずれの地区においても65歳以上の高齢者1人当たりの生産年齢人口が1人を割る自治会が増加する。特に、山間部の花山地区では、他の地区に先駆けて10年後に、ほとんどの自治会で0〜1人未満となる。

　市街地の築館地区では、2人以上の相互扶助力の存在する自治会がある程度維持されるが、中山間地の金成地区では僅かに残る程度であり、平野部の高清水地区や山間部の花山地区にいっては2人以上の相互扶助力が存在する自治会はなくなる。

　限界自治会の発生や地域の相互扶助力の低下には、地域差と時間差があり、2要素の相互の関係よって自治会の二極化が徐々に進行していく傾向が予測された。

　この調査結果から、栗原市における253自治会の内、2040年までに消滅の恐れのあるある自治会となることが予測される、112自治会においては、今後、各自治会の文化や風土、慣習などが損なわれない範囲で再編を行ことも一つの選択肢となる。

　栗原市には現在、30小学校区が存在するが、その内16の小学校区では

図表3-10「地域構造別4地区における相互扶助力の将来予測」

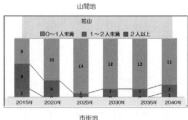

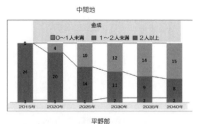

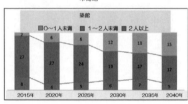

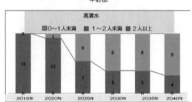

コミュニティ推進協議会が設立され、校区の将来のあり方や自治会単位で困難な事業に取り組んでいる。こうしたコミュニティ活動の経緯を踏まえると、自治会再編を行う場合には、モビリティシステムを勘案して、小学校単位（廃校となった旧小学校単位も含む）が再編規模の一つと考えられる。

　そこで、今後は、政策や各種計画を策定する際に、自治会別の推計人口値を利用することが求められよう。特に、疾病構造や世帯構成の変化により多様化した高齢者ニーズへの対応が必要となる。福祉・健康・医療分野の政策や計画策定においては、その利用が不可欠となる。

自治体情報システムの構築

　地域の脆弱性に対応する、計画の適応性を向上させるため、次のようなプロセス（図表3-11）により、グリーン社会ICTライフインフラを前提に、予測性拡大データを検討した上で、計画形成モデルの検討を行い、地域の脆弱性への計画の適応性を向上させる「自治体情報システム」を検討した。

①栗原市の分野別計画（47計画群）と地域構造（10地区、253自治会）を参考に、データの役割、時間性、事業特性、データソース、データ取得方法、データのスケール（市域全体、地区、自治会）など、分析を行い、計画とデータの関係やデータが果たす役割・特性を把握する。

②計画群で活用される予測に関わるデータを検証した上で、グリーン社会ICTライフインフラも織り込み、計画の課題、目標の設定、政策・施策の体系化、事業計画への反映に資する拡大性予測データ（人口関連、生活関連、社会関連、気候変動、環境関連等）を抽出する。

③自治体の活動を9分野に整理し、部門単位の計画群ごとに、予測性拡大データを前提に、それぞれの計画の課題、目標設定、政策・施策の体系化、事業計画の検討を実施する計画形成モデルを構築する。

④これらの予測性拡大データと計画形成モデルを用いた「栗原市自治体情報システム」を構築し、その検証を実施する。

　具体的には、「行政情報システム」として、部門が共通して把握すべきデー

図表 3-11「地域の脆弱性に対応する計画の適応性の検討プロセス」

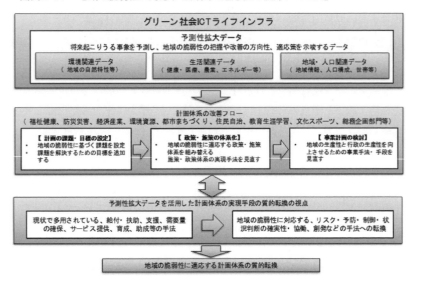

タと各計画部門における計画の適応性を導くデータと「地域システム」として、地域のポジショニング、将来予測からなる10地区のデータ、253自治会データを単位とした人口等の将来予測と相互扶助力によって構成した。

　より詳細な要素としては、行政情報システムの共通データには、将来人口予測、自治会の持続性可能性予測、財政予測、気候変動予測など、職員が共通して意識すべきデータを格納した。

　部門別データには、9部門ごとに部門所管計画、部門ごとの予測性拡大データと知見データを格納。地域情報システムの地区データには、健康診断受診率、健康教室の開催数、救急出動件数、行政委員数、地区別の将来人口予測などを格納した。自治会データには253自治会ごとの三階層人口、高齢化率、限界自治会発生率、相互扶助力のデータと各指標からなる相互扶助力データを格納した。

2　自治体経営をどう変革させたか

（1）職員の意識改革

　市町村合併を推進した自治体の課題の一つは、支所の職員数削減などにより、地域における行政の存在感が希薄化し、これまで培ってきた行政と住民相互の連帯が弱体化し、これにより、住民の地域づくり活動に支障が生じている事例が多く見られたことである。

　二つとして、合併後は議員や職員の人件費の削減などで合理化は進んだが、その一方で住民にとっての精神的なサポートという感覚が大きく後退していること。

　三つとして、小学校を中心として築かれてきた歴史・文化を有する地域コミュニティが、小学校の統廃合によって廃校となり、住民の拠り所が無くなり、地域コミュニティの危機が生じることである。

　このような視点から、合併後の住民自治の危機が職員の意識変革により、「どのような成果が生まれ、達成されたか」あるいは、「どのような課題が新たに生まれたか」について振り返る。

　栗原市の部門計画に関する関係課とのヒアリング、意見交換と、職員の「気づき」から明らかになったことは、2005年の合併を契機に市民自治の充実を目指し、253自治会の組織づくりを行い、地域が主体となった健康づくりや自主防災組織による防災活動、高齢者の見守り活動、地域資源の維持管理、様々な世代の交流事業などが活発に行われたことである。

　背景には、合併当時一般職が808人（全職員1742人）から2014年一般職619人（全職員1418人）と一般職が24％削減される中で、旧1村9町の出身地別職員が、郷土愛と人口減少による危機意識により、地域の持続

性と活性化のために、住民自らが地域課題を解決し、地域のあるべき姿を実現していく、重要性に気づいたからである。

　職員の気づきが、栗原市の政策として「自立・自主を目指す地域づくの支援」の旗を挙げさせ、住民自治の基盤である 253 自治会による自助・共助により、地域が抱えている課題解決への支援や自治会内の共助の基盤となる概ね 5 〜 10 世帯を単位とした「近所の助け愛」の仕組みづくりを推進してきた。

　他方、自治会だけで解決できない課題について旧小学校程度を単位とし、住民と自治会、各種団体（消防団体、ＰＴＡ、民間事業者等）が連携し、横断的につながった、校区を中心とする地域運営組織設立支援などの政策を充実させてきた。

　合併により異なった旧町村間が対立し、組織の癒合が進まないとよくいわれている。栗原市では、住民自治の構築に関していえば、旧１村９町の職員らが、自分が生まれ育った地域への愛着や誇りを持ち、地域住民の暮らしや豊かさを充足するために、奔走した結果といえるのではないだろうか。

（2）行政経営システムの構築

　栗原市は合併により、宮城県内で最大の市域面積を有する自治体が誕生した。市域には異なる地域構造や地域特性、気候変動を踏まえ、よりきめ細かな、政策・施策を地域の実情に沿った独自の手法を駆使して実践していく「行政経営システム（＝自治体情報プラットフォーム）」の構築が必要となる。

　自治体情報プラットフォームの共有化の視点は、合併後、職員の政策・施策を策定する際の基本的要因を同じ方向性に同期することで、様々な計画が連携して相乗効果を発揮することである。

　分野別計画に関する９部門の関係課とのヒアリング、意見交換から、「計画の遂行・業務の課題」「施策・事業において用いられる手段・手法」「近年の気候変動等による地域の現状と課題」「計画の目的、施策体系、事業計画、予算、評価で使用されるデータの役割」などについて、職員の気づきを収集

した。

　このような視点から、情報体系の共有化に関して、職員の意識変革により、「どのような成果が生まれ、達成されたか」あるいは、「どのような課題が新たに生まれたか」について振り返る。

　関係各課とのヒアリングなどから、次のような課題が浮かびあがった。

①人口将来予測、人口動態の変化に関する基礎的データが、総合計画のデータ、各部門のデータ、宮城県で公開しているデータなど、統一性がないこと。

②縦割り組織の弊害により、他部門がどのような基礎的データや地域データを使用しているかなど、関心が薄く、情報共有意識が希薄なこと。

③総合計画と分野別計画との関連性が薄く、総合計画が「最上位の計画」の役割を果たしていないこと。

④総合計画と分野別計画の期限・期間に整合性がないこと。

⑤気候変動に関わるデータがとりわけ重要であり、農林部門、災害防災部門、健康部門、住民自治部門などにおいて、将来予測性データとして全く使用されていないこと。

⑥計画実現の手段として、量を増やす、需要量を満たす手法が多用され、予防・リスク・保全・維持・縮小の手法の活用が少ないこと。

⑦地域の基礎的データである、253自治会の人口動態データや10地区別データが整っていないこと。

⑧政策とは未来を予測し、そこで起こるだろう課題についてあらかじめ対策を講じることである。これに対して、起こってしまったことに対して行動するのは事故対応であるなど、政策の意議が認識されていないケースが多いこと。

⑨データのスケールが、国・県が提供するデータ、日常業務で蓄積したデータ、関連団体のデータなど、時間軸がことなるデータが、課ごとにバラバラに活用されていることが、職員の気づきから集められた。

実際の分析は、栗原市の職員と慶應大学の研究スタッフが連携して、多角

的に行った。このような、栗原市の職員と慶應大学の研究スタッフによるデータ分析と自治体情報システムの構築に向けた作業を通じて、他部門の計画との関連が重要なこと、共通するデータの標準化や地域構造の変化を踏まえた地域データ収集の必要性を職員が認識することができた。

　このような共通認識に踏まえ、地域の脆弱性への計画の適応性を向上させる「自治体情報システム」の構築につながったのである。

〔コラム⑥〕
「平成の大合併」は地域に何をもたらしたか

　「平成の大合併」とは、政府主導による財政基盤の弱い市町村を合併させ、行政の効率化を図ることを目的に、1999年〜2010年にかけて集中的に行われた。

　国が平成の大合併を推進する目的として、自治体規模の拡大による職員数削減、重複投資の解消による財政収支の削減など、行財政基盤強化を挙げている。その促進策として合併特例債等を柱とする財源措置が創設された。

　平成の大合併の事例（図表3-12）から、生活圏・文化圏が異なる自治体同士が合併した事例、規模の大きい隣接自治体に吸収され市町村の事例、小規模町村が合併して市になった事例などがある。一方で、合併による弊害などの懸念から、福島県矢祭町、群馬県上野村、岩手県金ヶ崎町などのように、合併を拒絶して、自律や独自性を標榜した町村も現れた。

図表3-12「平成の大合併市町村の類型事例」

選択の類型	市町村	背景
(1)合併を選択 ①離島	対馬市五島市、壱岐市、奄美市、佐渡市、天草市など	人口減少、高齢化による離島という地域構造から、生活文化圏が同様な地域が合併して、財政基盤を強化し、自治体の存続を図る
②同規模による対等合併	高島市、射水市など	同規模の自治体同士が合併した結果、中心となれる自治体が存在せず、自治体同士が相変わらず地域内での主導権争いをするだけで、単に補助金目当てのための合併が多い。主導権争いで原因で合併が破談になったり、あえて地域を分けた例も多数存在する。
③市を創設した町村	栗原市、那珂市、神栖市、田原市など	人口減少、高齢化を踏まえ、財政基盤の強化と自立の実現を図る。中心市街地がないため、それぞれの旧町村には別々に中心地があって、しかも離れている場合が多い。そのために、合併後、中心地域を創設するにあたっての場所・費用でももめることになるし、今後、公的施設の統廃合でも問題を引き起こす可能性がある。
④市に吸収された町村	長岡市と山古志村、石狩市と厚田・浜益両村など	比較的大きな市と小さな町村が合併した場合の多くは、小規模自治体の存続の危機でといえる。両者の人口、財政規模、産業の種類に大きな差があると、小さな町村の産業は軽視されがちである。
⑤規模拡大を目指した、生活圏、文化圏が異なる合併	相模原市、生方市、大崎市など	生活圏、文化圏が異なる自治体同士がガ合併し、自治体の規模拡大を目指した合併。
(2)合併を拒否した市町村 ①弊害等への懸念による自立型	矢祭町、上野村、金ヶ崎町、大木町など	合併による弊害等への懸念から、合併を拒絶して、自立・自律や独自性をうたう市町村も現れた。これらの中には、産業集積による財政の健全性と雇用力が高い都市や山間部などに位置していて、合併によって一層の過疎化が懸念されている所も少なくない。
②村から市への昇格	滝沢村から滝沢市	人口規模5万人日本一の村が、盛岡市との合併を選択せず、「村」から「市」に昇格し、自立の道を選択した。

全国町村会「合併に関するアンケート調査（2008年）」、総務省「合併に関する市町村アンケート調査（2008年）」に基づき、平成の大合併の「メリット・デメリット」について概要を整理すると次のように考えられる。

〈合併のメリット〉

・職員数と議員の削減。合併自治体の職員数が2004年度から5年間で13.5％減ったのに対し、合併しなかった市町は7.8％減であった。

・保健師や管理栄養士など専門職を採用し、増員できたことを挙げる自治体もあった。議員数は2004年度末と2009年度末の比較で、合併自治体が約60％減ったのに対し、合併しなかった市町村は22％減であった。

・小規模市町村では、合併により設置の難しい国際化、情報化、女性政策を担当する課や社会福祉士等の専門職員を採用することにより、よりよい行政サービスの提供が可能となった。

・環境問題や観光振興、土地利用など、広域的で一体的な展開が効率的になった。

〈合併のデメリット〉

・身近であった行政が遠い存在になり、住民サービスが低下した。

・支所に地元出身者が少なくなり、職員減で「身近な役場が遠くなった」という意見や、学校の統廃合、イベント開催が旧市中心部に偏っているという不満が生じている。

・合併により、中心地に人が集まり、周辺地域の衰退や公共サービスの低下を招いている。

・行政区域の拡大、議員数減少によって、行政と住民の距離が拡大し、住民の意見が反映されにくくなった。

・合併により地域間格差が拡大してきた。

・地域コミュニティでの連帯感が薄れ、地域の個性がなくなり、今まで育ててきた地域の歴史、文化、伝統が失われることが心配ごととして、挙げられている。

国が推し進めた大合併で、市町村の総数は、ほぼ半減した。その結果、

合併で消えた町や村では何が起きたのか。合併により合理化、効率化が
実現されたのか、合併がもたらしたものは何かについて事例をもとに考
察する。

　天草市や栗原市等の事例から、合併後の課題を、次のように整理した。

①合併後に本庁舎がおかれた地域に人口が移動し、地域経済機能や行政
　機能などが集積する傾向が見られる。他方、旧町村役場がなくなるこ
　とによる経済波及効果の減少、役場の存在によって保たれてきた安心
　感の喪失、行政単位の過大化などにより、周辺地域の衰退や公共サー
　ビスの低下を招き、過疎地はより過疎化が進行している。

②平成の合併は、行財政基盤の確立を目的に推進されたが、2018年度
　以降、合併特例債の発行期限のほか、合併算定替も適用期限を迎えこ
　とにより、優遇措置が無くなれば、肥大した財政力に不安のある合併
　市町村では、財政悪化が深刻化する。

③平成の大合併後の最大の課題は、十分に行政内部の合理化や効率化が
　図られていないことである。行政のトップや議員数の削減による人件
　費削減以外の効果が現れていないことである。

④市町村合併は、旧合併特例法による国の優遇措置がインセンティブで
　あったが、2006年3月までを措置期限としていたため、スケジュー
　ル最優先で進められた感がある。例えば、合併に対する住民などの反
　対を回避する必要があり、調整に時間を要する行政サービスは、旧市
　町村の制度をそのままに、複数ある庁舎や公共施設の統廃合について
　合併後の検討課題としてきた市町村が多く、もはや先送りできない課
　題が山積している。

　行財政基盤の強化という本来の目的に立ち返れば、早急な対応が求め
られる「課題」である。まさに、合併に伴い、先送りした「課題」は、
もはや甘えが許されない、先送りができない、自治体経営の喫緊の課題
となっている。

第 3 節　人口 20 万都市「鈴鹿市」が目指した
政策選択

1　まちづくり基本条例を具体化する「総合計画」

総合計画でまちづくり基本条例を具体化

　三重県鈴鹿市は、東に伊勢湾、西に鈴鹿山脈と恵まれた自然環境の中にあり、伝統ある歴史と文化に育まれたまちである。1942 年 12 月、軍都として 2 町 12 カ村が合併し鈴鹿市が誕生した。鈴鹿市の総面積は 194.46㎢、人口約 20 万人で、市街地は、旧城下町の神戸、漁港の白子、軍の工廠があった平田による分散型都市構造となっている。

　鈴鹿市は自動車産業など数多くの企業を誘致し、伊勢湾岸地域有数の内陸工業都市として発展してきた。また、農業においても、恵まれた豊かな大地で、茶や花木をはじめ、水稲などの生産が活発に行われ、農業と工業がともに成長した「緑の工都」として現在に至っている。

　鈴鹿市では、条例体系の最上位に「鈴鹿市まちづくり基本条例（2012 年 12 月 1 日に施行）」を位置づけている。この条例第 17 条に「市は、総合的かつ計画的な行政運営を図るための基本構想、基本構想の実現を図るための基本計画等を策定します。」と、記されている。

　総合計画は、その理念を具体化するための中長期的・総合的な計画である。また、まちづくりを進める上で最も重要な計画としている。

　この「鈴鹿市総合計画 2023」は、計画期間 8 年とし、「2023 年にめざす

べき鈴鹿市の姿」などを掲げ、その内容を根拠に行政経営の仕組みを整えていき、トータルシステムを構築することを目指したものである。

職員参加による経営環境診断

鈴鹿市では、簡素で効率的な行政経営を目指して、2003年度以降、行政評価、行財政改革、目標管理、人事評価、業務改善運動などの各種システムを導入するなど、行政マネジメントの取組を進めてきた。また、法令に基づく各種個別計画が競うように策定されていた。

これらの取組により、市民への説明責任の向上や、取組成果の把握に基づく事業改善、組織における目標管理の適正化など一定の成果を上げてきている。しかし、個々のシステムは機能していても、システム全体として、成果が分かりづらくなる課題や個別計画が業務の中心となり総合計画が形骸化する恐れが生じていた。

鈴鹿市は、総合計画の策定にあたって、行政システム疲労の課題を、同時に解決することを目指して、8つの部門職員によるプロジェクトチームを設置した。チームには、筆者も参加して「未来予測」「トータルシステム診断」「個別計画群の点検」といった3つの「自治体経営の経営環境診断」を行った。

「未来予測」とは、現在の社会経済状況が続くとした場合に、予測される社会問題の最悪展望図を描き、その上で課題解決を図る政策・施策のあり方を明らかにすることを目的としている。

行政は、縦割り組織が定着し、自分が所属する部課のことは考えるが、市政全体のことはあまり考えない、「木を見て森を見ず」の傾向があり、鈴鹿市が近未来に直面する課題を組織全体で共有することが未来予測の目的であった。

具体的には、人口の将来予測データなどを基礎要因に、42の切り口から未来予測を行い、直面する可能性があるリスクと課題を全体で把握した（図表3-13）。このような作業を通じて、政策・施策を実現するめの活動・事務事業に、人材と資金が投入されるため、できるだけ生産性高く（資源は少

なく、生み出すものは多く）、成果を実現することの重要性をチーム全体が感じ取った。

「トータルシステム診断」は、様々な既存のシステムが全体として効果的に機能しているかを診断するものである。各種の行政システムの現状や連動状況を把握するために、（公財）日本生産性本部による「トータルシステム診断」を依頼した。

その結果、個々のシステムは機能していても、システム間の連携が取れていないことや、似た役割を持つシステムが重複していることなどが示された。

「個別計画群の点検」は、法令、条例などに基づく個別計画が総合計画と連動、整合しているかを調査、点検するものである。個別計画群の点検を行った結果、76 の個別計画が策定されていた。総合計画との連携、計画期限の整合、計画内容の整合、役割分担などがとれていない、個別計画の実態が明

図表 3-13「鈴鹿市経営環境分析における未来予測」

部門		経営環境診断に基づく未来予測
1	行政経営部門	鈴鹿市の人口推移及び今後の予測、20-39歳女性の推計、歳入・市税の推移、地方債残高の推移及び基金の状態、高齢化と社会保障費の関係、定員管理上の正規職員数、再任用職員数、職員の年齢構成
2	自治協働部門	自治会加入率、空き家数・空き家率、自治会加入率
3	子ども・教育・文化部門	0-4歳人口推計、保育所入所数と夫婦のみ世帯数の推移、小学校児童数の過去3年間と今後10年間の推移予測、中学校生徒数の過去3年間と今後10年間の推移予測
4	保健福祉部門	要介護認定人数と要介護認定率の推移、介護サービス利用者数の推移、世帯類型別被保護世帯数等の推移、特定検診受診率・メタボリックシンドローム該当者出現率、国民健康保険被保険者一人当たりの医療費予測、高齢化と社会保障費の関係、65歳以上の人口と平均寿命の推移
5	防災安全部門	高齢者（65歳以上）の救急搬送の予測、消防団員平均年齢、交通事故発生件数の推移、自動車保有台数、交通事故発生件数、大規模災害対策に要する年次的予算推移
6	都市整備部門	公共交通機関（電車）の乗車人数数、公共交通機関（バス）の乗車人員、公共施設別延べ床面積、道路及び橋梁維持費、下水管老朽化による事故件数と累積損失費、水道管耐水化率と管路更新事業費、人口推移による水道の営業収益、人口推移による水道の営業収益の推移予測、昼間人口と昼夜間人口比率
7	産業観光部門	産業別人口推移、15歳以上就業者数、農業就業人口将来予測、2次産業事業所数、2次産業事業規模別出荷額シェア及び2次産業事業所数シェア、業種別付加価値額、小売吸引力指数、観光レクリエーション入込客数
8	環境部門	ごみ排出量、最終処分場の残余容量、中間処理量（再生利用と減量化）の推移

図表をもとに筆者作成

らかになった。

特に個別計画の傾向として「法令・条例に基づく個別計画」「補助金等を確保するための計画」「課内の事務事業の手引きに類する計画」「実施・詳細事業計画」など、分類・整理し、総合計画の施策を具現化する基本計画に、個別計画の紐付けを行った。

これらの診断や点検を踏まえ、まちづくり基本条例に基づき、もっとも重要な計画の位置づけである総合計画の策定と、その運用を行うことをきっかけと捉え、各種の行政システムや計画群が連動して機能するよう、トータルシステム化を目指すこととした。

　総合計画の体系

「鈴鹿市総合計画2023」は、基本構想・基本計画・実行計画の三層構造とした（図表3-14）。

基本構想は、「都市ビジョン」を示すとともに、基本計画以下の推進のための「政策的指示書」としているものである。8年間の計画として、市民と行政が協働して目指す、まちづくりの方向性を示すものとした。

具体的には、5つの「将来都市像を支えるまちづくりの柱」を掲げるとともに、この5つの柱の推進を支える根拠となる、鈴鹿市全体の自治力（市民力、行政力）の向上をめざす「自治体経営の柱」で構成されている。さらに、この5つの柱を踏まえ、25の「めざすべき都市の状態」と、それぞれが8年後にめざす数値目標を設定している。

基本計画は、基本構想で示した鈴鹿市のビジョン、成果を確認しながら、将来都市像の実現を図る役割を担うほか、個別分野の計画との関連や整合性を図り、基本計画や実行計画を含めた総合計画全体の運用を効率的・効果的に進めるための政策的な指示書として、役割を担うものとした。そして、前期・後期それぞれ4年間に、各分野において取組む具体的な方向性を掲げるものとした。また、個別計画は、基本計画が定める分野ごとの取組の方向性に則り、具体的な取組を推進するため、手段や手法を定めた計画として位

図表 3-14「鈴鹿市総合計画 2023 の体系図」

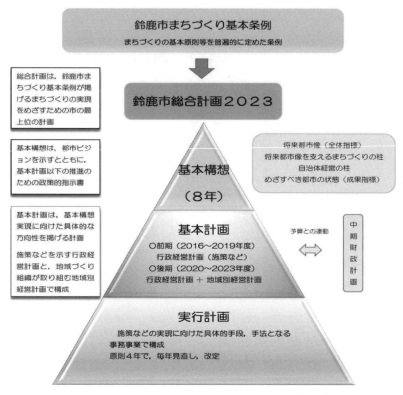

出典：鈴鹿市総合計画 2023

置づけることとし、総合計画で掲げるまちづくりの方向性と連携を図りなが
ら、一体的にまちづくりを推進していくものとして位置付けた。

　実情として、多くの個別分野における計画が存在しており、それぞれの計
画策定の時期が異なるため、計画策定の背景や問題意識に差が生じ、総合計
画と個別計画の方向性が必ずしも一致していないことも起こりえる。

　そこで、一体的なまちづくりを推進していくために、前期基本計画の4
年間で、個別分野の計画の取組方針、内容、目標、期間が、総合計画の方向
性に合致するよう、整合を図っていくこととした。

　実行計画は、基本計画で定めた各分野の施策などの具体的な方向性に基づ

く、個別の具体的な事業計画であり、基本計画の期間と同様に、原則 4 年間の計画とし、改訂を行うものとした。

　また、基本計画に定めた各分野の施策などの具体的な方向性に基づく、個別の具体的な事業計画とし、予算との連動を想定している。

総合計画を起点とした行政経営システムの構築

　鈴鹿市総合計画 2023 では、将来都市像の実現を図るために、成果を確認しながら運用していく仕組みとしている。

　具体的には、基本構想では、8 年で目指す将来都市像に対する基本的なまちづくりの方向性として、「将来都市像を支えるまちづくりの柱」と「自治体経営の柱」を定めている。その目指す状態をさらに具体化し、市民と行政との協働によって目指す 8 年後の目標として、都市のビジョンである「めざすべき都市の状態」（図表 3-15）を掲げている。

　そして、将来都市像の達成度を総括的に測る成果指標と「めざすべき都市の状態」の達成度を測る成果指標を設定し、その進行管理を行う仕組みとしている。

図表 3-15　「鈴鹿市の基本構想 6 つの柱」

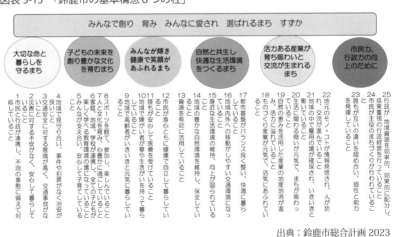

出典：鈴鹿市総合計画 2023

　基本計画でも、成果指標を設定し、実行計画に位置付ける事務事業と連動した評価体系を構築した。そして、毎年、事務事業の実施結果を基に、施策の達成度を検証するとともに、次年度の事務事業の内容や実施方法を点検し、見直しを行いながら、予算配分の適正化を図ることとした。具体的には、行政経営のＰＤＣＡ（Plan → Do → Check → Action）サイクルにより、季節ごとに行うシーズンレビューや予算編成プロセスと連携させた進行管理を行うこととし、その設計と実装を推進している。

シーズンレビューの実施

　鈴鹿市では、行政評価や予算編成、各種個別計画の進捗管理など、各種の行政システムを連動させたトータルシステムを実現するために、組織横断の施策調整機能の強化や、総合計画の進捗管理、運用の仕組みとして、季節（シーズン）ごとに、市長・副市長・経営幹部職員による点検・協議（レビュー）を行う、「シーズンレビュー」システムを構築している（図表3-16）。

　このシーズンレビューでは、市長などによるレビューに向けた準備プロセスとして、部門での分析や検証、検討なども行われることになる。具体的に設計した内容としては、まず、スプリングレビュー（4月頃）は、指標の現

図表3-16　「シーズンレビュー展開のイメージ」

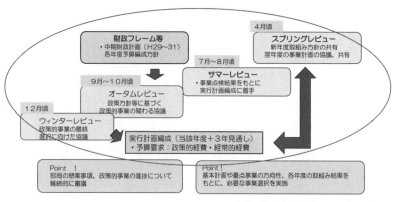

出典：鈴鹿市総合計画シーズンレビュー

状値や、その評価や点検をもとに、当該年度の政策・施策の取り組み方針や、事務事業の改善を協議し、情報を共有する。その内容にしたがって、当該年度の組織の目標の設定や業務改善を行うことを想定している。

　次に、サマーレビュー（7 月〜 8 月頃）では、スプリングレビューでの検討を踏まえて、政策・施策の内容や手段手法の構成を検討し、予算と連動する実行計画の編成に着手する。

　オータムレビュー（9 月〜 10 月頃）では、年度のはじめより、評価・検証・改善をしてきたことを踏まえて、翌年度の予算策定方針と財政フレーム（中長期財政計画）設定し、政策的事業の在り方の検討や協議を行う。

　そして、ウィンターレビュー（12 月頃）では、翌年度の政策的事業の最終選択に向けた協議を行うものとした。こういった設計のもとで、2016 年度から、実際にシーズンレビューの運用を行っている。

　例えば、2016 年度のスプリングレビューは、全部局を対象に 3 日間行われた。前年度の取り組み成果と課題を検証した上で、鈴鹿市総合計画 2023 で掲げた目標の実現に向けて、2016 年度の取り組み方針（年間の達成目標、その実現のための手法や改善方針、ロードマップ）について、経営幹部と職員とで共有をし、その方針を決定した。

　また、人事評価制度における部局目標と総合計画の推進について整合を図り、目標設定につなげる試みも行われた。

　全部局を対象に 5 日間行われたサマーレビューでは、「めざすべき都市の状態」を実現するためには、限られた経営資源を効果的に活用することや、施策や事業の選択と集中などによる実効性の向上を目指した点検を行っている。

　シーズンレビューを通じて、部門ごとの内部評価を踏まえ、企画・財政・行革部門が連携し、現年度の活動、事務事業の「やり方の改善（前年度実行計画と予算の検証）」や全事務事業を検証・点検し、効果が乏しい事務事業の「やることの改善（事務事業のスクラップ）」を徹底させ、その結果を、次年度の実行計画を見直し、予算に反映せている。

　行政経営システムの構築は、常に試行錯誤しながら、改善し続けることで、

機能するものである。鈴鹿市においても、これまでに解説してきたように、総合計画の運用を通じた、総合的な行政経営システムの構築を目指しているが、それは、総合計画の期間を通じた試行錯誤と改善を繰り返しながら、より実効性の高い、機能する仕組みを追求することとしている。

地域づくり協議会と地域づくり計画

鈴鹿市総合計画2023、第3章「計画の体系と役割」において、後期の基本計画では、「地域計画との連携を推進する」と、記されている。

前期基本計画において、「まちづくり基本条例」第13条第1項に、「市民は、地域の実情又は必要に応じて、一定の地域におけるまちづくりに取り組む組織をつくることができるものとします。」と、規程が示されている。その規程を具体化するための「（仮）地域づくり協議会条例」の準備や地域づくり協議会の設立準備を進めてきた。

地域づくり協議会とは、同じ地域に住む人やその地域で活動している各種団体などが一緒になって、福祉や子育て、防犯・防災や環境など、地域の様々な課題を協議し、その地域に必要な活動を行政と一緒に取り組む組織として、「鈴鹿市地域づくり協議会条例」が2019年3月に制定された。

併せて、地域運営を行うため財政的支援として、鈴鹿市地域づくり協議会条例に基づき認定された「地域づくり協議会」に対して、一括して交付する支援の仕組みも整備された。その結果、地域づくり協議会は2022年4月現在で、神戸まちづくり協議会を含め28協議会が設立された。

地域づくり計画の特徴は、総合計画基本構想で定めた、将来都市像の実現を諮るための仕組みとして、将来都市像の達成度を総括的に測る成果指標である「めざすべき都市の状態」25項目を、行政と地域づくり協議会が連携・協働して目指すことにより、行政経営と地域経営の相乗効果を発揮することにある。

なお、ここで、参考として、神戸まちづくり協議会策定した「神戸地区地域づくり計画（2002年〜2023年）」の内容を一部紹介しておく。

神戸地区地域づくり計画の構成は、「基本目標」「各部会の紹介」「神戸地区の現状」「地域の課題」「まちづくり推進の取組み」が示されている。

①基本目標　「よりよく、住みやすいまち神戸」

　　神戸地区で暮らすみんなが主体的にまちづくりに参加することにより、まちに活力と笑顔が満ち溢れ「よりよく、住みやすいまち」となることを基本目標としました。この目標を達成するために、神戸まちづくり協議会では、中心となって活動する部会が、それぞれの分野からアプローチします。

②部会活動

　　「地域活性化・環境改善部会」は、自治会会長会が中心になり活気ある地域、安全・安心な地域づくりを企画推進します。

　　「スポーツ振興・青少年育成部会」は、体育委員会・青少年育成町民会議が中心となり、住民同士の交流、青少年の健全育成を推進します。

　　「文化教育・広報部会」は、神戸地域の魅力である文化・伝統の情報を、積極的に地域内外に発信します。

　　「保健福祉・民生児童部会」は、高齢者の福祉，子育て支援など、やさしい神戸，助け合える神戸を啓発推進します。

　　「自主防犯・防火部会」は、神戸消防分団，神戸交番と連携して、地域の安全・安心を啓発推進しますと、記されている。

③地域の課題

　　高齢化率の上昇は顕著で、30年後には高齢者が34％を占める状況となります。そのような状況の中、高齢者が暮らしやすいまちを目指して、地域ぐるみで取り組む必要があります。一方、年少人口も緩やかに減少する傾向にあります。子どもたちをまちの宝として、地域全体で見守る活動を積極的に推進する必要があります。

④まちづくり推進の取組み

　　神戸地区の現状や課題を踏まえた上で、まちづくりの4つの柱を設定しました。今後は、神戸まちづくり協議会の各部会が中心となり、各

種団体との連携のもと、神戸地区における問題解決や、地域住民の要望を実現するため、4つの柱として「安全安心で住民全員がゆとりを持って暮らせるまちづくり」「文化伝統にふれあい、活気あふれるまちづくり」「高齢者・子どもにやさしく、仲よく助け合えるまちづくり」「防犯・防災に関し、自助共助ができるまちづくり」をもとに、まちづくり推進の様々な取組を実施しますと、記されている。

2　自治体経営をどう変革させたか

（1）職員の意識変革

「鈴鹿市総合計画2023」の開始と同時に、2016年度から、計画体系と組織を連動させ、基本構想の柱立てや内容に対応させる組織改革を行った。

　組織改正の内容は、企画財務部を「政策経営部」に変更し、企画課をマネジメントと政策立案を担う課に分離。危機管理機能を強化して「危機管理部」を創設。生活安全部を改組し、「地域振興部」とし、「地域協働課」機能を強化。産業振興部は新たに「地域資源活用課」を設置。子どもの未来を創り豊かな文化を育むまちにするために、「子ども政策部」を創設する組織改革を実施した。

　総合計画を中心とした、自治体経営改革を推進する組織改革を通じて、職員の意識変革により「どのような成果が生まれ、達成されたか」あるいは、「どのような課題が新たに生まれたか」について振り返る。

　組織改革において注目すべき点は、総合計画を戦略的に推進する上で、二つの「部」の改変が重要な意義を持つ。一つは、企画財務部の名称を変更し、「政策経営部」とした。さらに、同部の企画課を改組して、行政マネジメント機能を担う「行政経営課」と、政策立案に係る機能や、市民協働に関する調査

研究機能、職員の政策形成能力の向上を担う「総合政策課」に分け、政策立案機能と総合計画を中心としたマジメント機能を強化したことである。

　その意図は、総合計画の進行管理を担う「総合施策課」と行政のマネジメント、行財政改革を担う「行政経営課」、財政の裏付けと健全な財政運営を担う「財政課」を政策経営部に強化した。このことにより、総合計画、行財政改革、財政計画が連動して動くことで、自治体経営改革の「中核を担うコア組織」を構築した。

　二つとして、生活安全部を改組し、「地域振興部」とした。さらに、後期基本計画で実行に移す、地域別経営計画の制度設計、地域づくりを住民協働で推進するため、仕組みづくりなどを担う「地域協働課」機能を強化した。

　また、これまで文化振興部で管理運営していた公民館を地域づくりの拠点として活用することを目指し、地域振興部に移管したことである。その意図は、前期基本計画の期間に、地域づくり協議会条例の準備や地域づくり協議会設立準備を進めると共に、地域づくりの拠点として公民館などを活用した「（仮）地域コミュニティセンター」に改組する構想ではないかと想定される。

　住民協働課は、28 の地域づくり協議会設立と運営に向けて、協議会との意見交換を何度となく行い、理解を得ることができたのは、職員の大きな成果といえる。

　組織改正を踏まえ、総合計画を推進する司令塔の役割を担う、総合政策課、行政経営課、財政課、総務課、地域協働課と筆者らも政策アドバイザーとして参加する「行政システム推進会議」が、2016 年 4 月に発足した。

　目的はシーズンレビューを通じて、トータルシステムを実現するため、地域協働課を除いた、改革の中枢を担う 4 課の意識変革と連携をどう構築するか、喧々諤々と毎回議論が行われた。試行錯誤を繰り返しながらトータルシステム構築に向けた、仕組みの肉付けが徐々に形成された。特に、オータムレビューでは、施策・事務事業の「やることの改善」を実施計画と予算に反映させるため、横のつながりを重視した総合政策課、行政経営課、財政課により「連合ヒアリング」を実現したことが、トータルシステムの実行力を

高めていく大きな成果といえる。

　行政システム推進会議は、2ヶ月に一度開催され、システムの試行錯誤と改善を繰り返しながら、より実行性の高い、トータルシステムが機能する仕組みを追求することとしている。

（2）住民自治と地域内分権

　鈴鹿市の自治体経営の前提は、「行政経営」と「地域経営」による相乗効果を促す総合計画を目指している。行政組織による単独の主体の活動、事務事業のみでは限界があり、効果的な役割分担や、連携・協働を生み出していく仕組みとして「地域づくり協議会」を機能させることとなる。

　地域づくり協議会は、「地域の生活や暮らしを守るため、地域で暮らす人々が中心となって組織され、地域内の様々な関係主体が参加する協議組織が定めた地域づくり計画に基づき，地域課題の解決に向けた取り組みを持続的に実践する組織」といえる。自治会は、「イエ」を単位とした世帯代表の集まりによって構成されるのに対し、地域づくり協議会組織は「ヒト」を単位とした個の集まりであるとともに、地域内の自治会や活動団体、ＮＰＯなどで構成されている。

　地域づくり協議会は、地域として目指す成果や達成状況、多様な主体の活動状況を把握し、多様な主体間により、共通の目標や方向性を目指して、役割分担や協働を前提に地域経営を推進することを目的としている。「私たちのまちは私たちの手で」という理念のもと、地域の様々な主体が 連携・協力することで、地域を活性化する様々な可能性を生みだすことを目指している。

　鈴鹿市では、2018年度を目標に市内全地区で地域づくり協議会を設立し、地域と行政の協働と対話による新しい地域運営体制を構築することを、総合計画の後期基本計画に位置づけた。この方針に基づき、28地区で市民主体のまちづくりを進めるため、地域づくり協議会による地域計画の検討がはじ

まった。

　会議では様々な意見や疑問点が提起され、全体を通じた代表的な議論の一部を次のように紹介しておく。

①何故、総合計画の体系に、これから設立する地域づくり協議会が内包されるのか。

②地域別経営計画を総合計画に位置付けることについては理解できるが、地域計画をそのまま総合計画に位置付けることができるのか。あるいは、位置付けに関しては、行政と地域が協議し、新たなものとして策定していくのか。

③理想の地域像を設定し、理想のまちにするには何をなすべきかを一緒に話し合いを行い、協議会が自助・共助により目指すことなのか。

④「課題の解決に取り組む」というフレーズが使われ、「大変そう」など、後ろ向きと思われる印象を持っている人が多い。

⑤地域づくり協議は、「こんなまちになったらいいな」「こんなまちだったらずっと暮らしていきたいな」という夢を語り、実現に向けた活動をすることなのか。

⑥地域づくり協議は、例えば「安全安心で、住みよいまち」、これは鈴鹿市全体、また各地域の願いであると思う。そういった願いを語り合える場とするのか。

⑦地域づくり協議会は民間団体であるので、その活動を目標にしても行政の成果指標にはならない。地域に「お願いします」というのか、まちづくり協議会であることから行政の成果指標とするのはいかがなものか。

⑧設立準備委員会を立ち上げるには、地域内の自治会をはじめ、青少年育成、町民会議など地域の主要な団体の賛同を得る必要がある。勉強会などを通じて、準備委員会設立の機運を高めていく必要がある。

⑨地域協働課の職員はよくやっているが、地域支援職員の方は、現状を理解しておらず、余りにも勉強不足の職員が多い。地域支援職員は、地元の方が多いことから、もっと地元に興味を持っていただき我々の気が

　付かないことを教えていただきたい。

　⑩地域づくり協議会活動を推進する、行政からの活動資金の提供はあるの
　　かなど、様々な意見が出された。

　鈴鹿市では、各地区での地域づくり協議会設立に向けた議論を通じて、今
後、人口減少に伴い、税収の減少が予測され、住民自治をもう一度考え直す
べきではないかとの考えのもと、地域づくり協議会を中心にまちづくりを進
めていく必要があることを、粘り強く説明し、意見の調整を行っていった。
また、自治体経営をしていく上で、行政と地域との両輪で、行政力と市民力
それぞれの向上につなげていく。地域特性に応じたまちづくりを担っていた
だくために、地域づくり協議会との連携を図っていく方針などについて、地
域づくり協議会や市民説明会を通じて、何度となく説明することで、市民の
皆さんの理解を得ることにつながった。

コラム⑦
地方分権時代における「住民自治の充実」

　1993年衆参両院で「地域分権の推進に関する決議」を契機として、日本型分権改革がはじまり、地方制度再編と行財政改革が推進された。

　住民自治の充実を図るため、国では2004年に、地方自治法や合併特例法が改正され、「合併特例区」「地域自治区」が創設された。他方で、市町村は独自に条例を制定し、「地域内分権」に関する住民自治の制度設計に関する議論や取り組みが盛んに行われるようになった。

　まちづくりをはじめとする地域の在り方は、地域が自ら決定するという地方自治の本旨に基づき、主役である地域住民が起点となる自治をさらに確立していかなければならない。また、地方分権において、自己決定、自己責任の考え方がより重要になるため、最も身近な自治体としての単位である市町村において、主役である住民が自治意識を高めた上で、その意向と参画により地域経営を行う、住民自治をさらに充実する必要がある。

　分権改革により、国法に対しても、自治体に一定の解釈権が認められ、法令と競合する分野においても、条例が制定される可能性が飛躍的に高まった。大きく変容した条例の機能を踏まえ、「条例」を、自治機能を発揮させるためのインフラと位置づけ、総合的な条例政策を打ち出し、地域内分権に依拠した、まちづくりを推進している自治体が徐々に増えてきている。

　例えば、兵庫県宝塚市では、2004年4月に分権時代に相応しい新たな自治の仕組みの構築を理念とした「宝塚市まちづくり基本条例」と「市民参加条例」を制定し、全20の小学校区単位に、地域自治会を中核と

する地域コミュニティとの連携を重視した、民主的な協議体の仕組みをつくり、市民と行政による協働のまちづくりを推進している。

　大阪府池田市では、2006年4月に「池田市みんなでつくるまちの基本条例」を制定し、地域コミュニティによるまちづくり支援や総合計画を市政運営の基本とすることを位置づけた。そして、2007年12月に「池田市地域分権に関する条例」を制定し、小学校区単位に11の「コミュニティ協議会」を設立し、自分たちのまちは自分たちでつくることを目標に市民主体のまちづくりを推進している。

　山形県川西町では、人口減少、高齢化時代を見据え、住民と行政とのパートナーシップ、補完性の原則に基づく、地域内分権による住民主体の地域づくりを推進するため、2006年6月に「川西町まちづくり基本条例」を制定した。総合計画により、地域内分権を推進するため「地域ごとの地域づくり計画と町域計画」の二層構造とし、旧村7つの地域運営組織による地域づくりを推進している。

　事例は、分権時代に相応しい、住民自治による地域づくりを萌芽させ、住民と行政との協働まちづくりを進めていく取組みといえる。このような条例には、住民自治の充実にあたり、地域のまちづくのあり方を、地域が自ら決定するという地方自治の本旨に基づき、地域住民が中心となって自治を確立していく理念が示されている。

　市町村は、住民が自主的、主体的に選択できる制度の構築など、真の地方自治の実現を目指し、住民の意向、活動を踏まえ、独自のまちづくりを推進する仕組みを用意する必要がある。そして、行政と住民が協働し、公共的な分野での活動を行うなど、地域自治の主役として、活動や課題解決の取組を通じて、住民の自治意識の高揚を図るべきである。

　このような、地方から地域経営と住民自治改革の旗を挙げ、市町村が真の住民自治の拡充に向けて、足元から、自らの自立に向けた地域経営のあり方を具体化することが、分権改革の次なるステップとなる。

第4節　地方の小都市「氷見市」が目指した政策戦略

1　地域の持続可能性を高める都市空間戦略

川筋が山と海を繋ぐ都市構造

　富山県氷見市は、県の西北、能登半島の東側付け根部分に位置し、人口43,000人、市域面積230.56km²を有する地方の小都市である。多くの幸をもたらしてくれる「青い海」と「みどり豊かな大地」を有し、人の心を引きつける自然の恵みに包まれている。

図表 3-17「氷見市の市街地と山間部」

出典：氷見市都市空間構造

　日本海側有数の氷見漁港には、四季を通じて156種類もの魚が水揚げされ、初夏の「マグロ」、冬の「寒ブリ」、そして「氷見いわし」は広辞苑にも掲載されるほど有名である。また、日本ではじめて発見された洞窟住居跡「大境洞窟」や万葉の歌人大伴家持ゆかりの史跡など、歴史のロマンにも満ちあふれている（図表3-17）。

　氷見市の調査当時のデータ（2015年9月）では、人口規模51,000人程度（全国563番目/1741自治体）、面積は2300㎢（全国540番目）、人口密度212人/㎢（846番目）は、標準的な規模を有する自治体であった。

図表3-18「氷見市の都市空間構造」

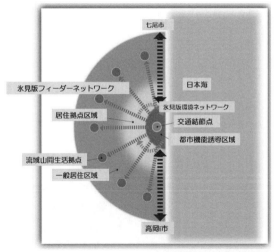

出典：氷見市都市空間構造

　氷見市の都市構造（図表3-18）は、七つの流域に沿った山間部地域と海に面した市街地の計21地区で構成されている。市域面積の約23ha、約3％の市街地区域に約42％の住民が居住し、残りの約97％の山間部区域に約58％の住民が居住している。コンパクトな市街地区域と、山間部の流域に連なる集落群が、約15～20㎞で市街地と結ばれる放射状の川筋ネットワークが形成され、山間部と市街地との間で「コンパクト＋ネットワーク型」の都市構造を形成している。

　日本の各地域は、人口減少社会がもたらす様々な課題に直面している。人口の減少や都市の低密化（人口密度の低密化と土地利用の低密化）は、生活基盤を支えるサービス機能低下をもたらすリスクがある。また、少子化や高

齢化の進展が様々な影響をもたらす。例えば、地域の祭りや地縁活動などの減少は、人々の交流機会を減少させることになり、社会関係資本の減少につながる可能性がある。

　縮小時代、大都市や地方を問わず、求められることは、例え人口が減少しても、より豊かに、安心して幸せに暮らすことができる社会を築くことである。そのためには、都市構造を読み解いた上で、地域に密着した社会関係資本を醸成しながら、そのチカラを活いかせる都市形成を進めていく都市空間戦略が必要となる。

3つのプロジェクトチームによる都市空間戦略の検討

　氷見市の都市構造を前提に、「山間部の生活拠点戦略」「まちなか居住と交流を創出する市街地戦略」「山間部と市街地の交流を支える交通戦略」といった3つの切り口で、都市空間戦略を検討することとした。こういった、3つの切り口に基づき、氷見市では3つのプロジェクトチームに筆者が加わり発足した。

　「山間部の生活拠点戦略チーム（総務、住民自治、健康福祉、都市計画、建設、教育部門により構成）」は、人口減少や高齢化に直面する山間部地域の日常の買い物や医療など、生活に不可欠な生活サービスをいかに確保するかが課題となる。また、将来予測として、地域の拠点となっている公民館や集会所などの地域コミュニティ施設の老朽化にも直面することが想定される。

　そこで、地域に住み続けるため、必要な機能やサービスを提供しつつ、多様な交流を生み出す、小さな多機能交流拠点施設を検討することとした。

　「まちなか居住と交流を創出する市街地戦略チーム（都市計画、経済産業、市民会館再生担当、土木部門により構成）」は、商店街の空洞化や、空き家・空閑地の増加、公共施設の老朽化、公共施設の移転跡地の利活用、観光客が

注 -3）モビリティシステム
　自動車による移動や運搬をスムーズに行うためのサービスのことをいう。自動運転および交通全体の統合サービス・プラットフォームを含む。

まちなかを素通りする課題がある。また、山間部と市街地を結ぶモビリティ
システム（注-3参照）による利便性向上や、市内循環バスとの連動性を高め
る、交流・交通の結節点機能の構築も検討すべき課題となる。

　そこで、まちなか居住を推進するために空き家を利活用することや、空閑
地の宅地化を促す仕組みや支援施策を充実する。公共空地の利活用や交流・
交通の結節点機能の複合化などにより、拠点性・中心性を高める検討を推進
していくこととした。

　「山間部と市街地の交流を支える地域交通戦略チーム（都市計画・住民自治、
健康福祉、地域担当、教育部門により構成）」は、地域内・地域間での交流
を活発化し、併せて、市域全体の交流を活性化することが課題となる。そこ
で、住民・事業者・行政の連携や役割分担を前提とした、地域交通システム
の検討を行うこととした。

　氷見市では、都市空間戦略の具体化に向けて、三つのプロジェクトチーム
ごとに検討を行い、節目、節目で全体会議を開催し、意見交換を通じて、総
合調整を図りながら取りまとめることにした。

山間部の生活拠点戦略の具体化

　氷見市内は、21地区（図表3-19）に
わかれ、山間部には、7つの流域筋に
17の地区（市街地は4地区）が存在
する。

　下田水系は、女良地区の人口が917
人（世帯数415、自治会数9）。宇波川
水系は、宇波地区の人口が1,530人（世
帯数518、自治体数11）。阿尾川水系は、
阿尾・藪田・八代地区で構成され、人
口が3,115人（世帯数1,047、自治体
数18）。余川水系は、余川・碁石地区

図表3-19「氷見市の21地域区分図」

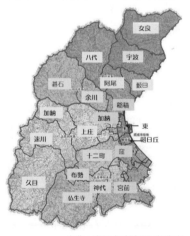

出典：氷見市地域現況報告書

で構成され、人口が 1,609 人（世帯数 1,609、自治会数 18）。上庄川水系は、加納・上庄・明和・速川・久目地区で構成され、人口が 10,646 人（世帯数 2,204、自治会数 39）。仏生寺川水系は、十二町・布勢・仏生寺・神代地区で構成され、人口が 7,071 人（世帯数 2,023、自治会数 36）。泉川水系は、宮田地区の人口が 4,225 人（世帯数 1,235、自治会数 18）となっている。

　流域筋の地区と集落（自治会）人口などの実態を把握した上で、まず、「地域施設カルテ（公共的施設の履歴情報）」（図表 3-20）を作成し、現状の活動や交流を育んでいる施設の実態把握や、公共施設、地域が所有する集会所などの老朽化情報を共有した。

　検討結果から、都市空間構造特性として、次のような実態が明らかになった。

①流域山間部、既成市街地とも、コミュニティ施設・小中学校・保育園・幼稚園やＪＡ支所が配置され、現状ではコミュニティ機能は充実している。

②コンビニ、スーパー等の消費機能、診療所・病院等の医療施設は、既成市街地及び国道 160 号線沿線に立地している。

③社会福祉サービス機能は、能越自動車道南側に大半が立地。介護老人施設（12 施設）の定数 301 人、利用者数 301 人で、2025 年には後期高齢者が 1,569 人増加し、利用予測から約 50 名以上が不足する可能性が高い。

④流域山間部地域の住民は、全市を対象とした公共機能、消費機能、医療機能、福祉機能のサービスは、マイカー・バス等による移動により、サービスを享受している。

⑤氷見市には、支所機能が無く、本庁一局サービス対応方式を採用している。

図表 3-20「地域施設カルテ」

地域分類	公共施設・公的サービス施設					民間サービス施設					
	公民館・集会所（コミュニティ施設数）	小中学校	全市対象公共施設	保育園・幼稚園・学童保育	社会福祉施設	コンビニエンスストア	スーパーマーケット	JA支所	診療所	歯科医院	病院
7流域山間部地域	公民館8 集会所等19	小学校9 中学校4	3	保育園9 幼稚園1 学童保育6	49	10	2	21	3	3	4
既成市街地地域	公民館3 集会場等3	小学校3 中学校2 高校1	12	保育園5 幼稚園1 学童保育3	9	7	7	2	21	14	1

⑥特に出産・周産期医療（1診療所11床）と小児医療（4医療機関）に関する機能が不足している。

⑦消費機能・医療機能・公共サービス施設の大半が、既成市街地及び国道160号線以東に集積し、団塊世代の後期高齢者世代になる2025年には、マイカー移動の困難化などが予測される。

氷見市の特性として、21地区に社会福祉協議会が設置され、地区社協と地区まちづくり組織が連携し、活動している。特に、地区社協の活動は、高齢化率が高い、八代、女良、久目、阿尾、宇波地区などの活動が活発で、その活動は、高齢者の見守り、買い物支援、移動交通サービス、子育て支援活動（学童保育の運営・放課後子ども教室)、健康づくり活動などが特徴である。

課題として、地域福祉活動の担い手の大部分が団塊世代で、ポスト団塊世代の育成と地域福祉、地域コミュニティ活動を担う、相互扶助力を高める必要がある。

その上で、地域の困りごとを解決するため、生活拠点機能の在り方や生活

図表3-21「地区コミュニティ施設の利用予測と老朽化」

施設名	施設更新年(60年経)	利用対象地区	市街地/流域山間	対象地区推計人口	人口増加率		利用者数・推計			利用率
					2015-25年	2015-40年	2014年	2025年	2040年	
床鍋会館	2042年	床鍋	流域山間部	50	-30.2%	-69.80%	669	467	202	1263.30%
十三谷農業会館	2040年	十二町	流域山間部	992	-8.90%	-26.70%	2335	2128	1711	235.40%
女良生活改善センター	2040年	女良	流域山間部	1079	-19.20%	-46.5	1103	891	590	102.20%
稲住農村研修センター	2055年	稲住	流域山間部	832	-8.80%	-27.6%	1611	1470	1166	193.60%
久目農村研修センター	2057年	久目	流域山間部	1309	-8.20%	-27.6	2280	1900	1326	174.20%
長坂農村交流センター	2059年	長坂	流域山間部	123	-16.70%	-41.90%	701	530	331	569.10%
加納コミセン	2068年	加納	流域山間部	3380	-24.40%	-52.80%	2268	2061	1772	67.10%
旧稲積小学校	1994年	稲積	流域山間部	832	-9.10%	-21.90%	12127	11063	8775	1457.60%
旧上余川小学校	2028年	碁石	流域山間部	711	-8.80%	-27.60%	2187	1495	910	307.60%
旧余川小学校	2012年	余川	流域山間部	921	-31.60%	-58.40%	865	908	799	93.90%
八代公民館	2060年	八代	流域山間部	519	5.00%	-7.60%	740	533	275	142.60%
藪田コミセン	2058年	藪田	流域山間部	936	-27.90%	-62.80%	818	740	587	84.90%
上庄公民館	2065年	上庄	流域山間部	3102	-9.60%	-28.20%	9114	7381	5397	293.80%
阿尾公民館	2066年	阿尾	流域山間部	1780	-19.00%	-40.80%	8045	7073	5728	452.00%
宇波公民館	2041年	宇波	流域山間部	1449	-12.10%	-29.00%	5146	4297	3051	355.10%
速川公民館	2047年	速川	流域山間部	1323	-16.50%	-40.70%	7008	5774	3946	529.70%
十三公民館	2050年	布勢	流域山間部	3142	-17.60%	-43.70%	9950	8351	6270	316.70%
林業拠点活動施設	2042年	針木	流域山間部	48	-30.60%	-37.00%	76	46	17	158.30%
阿尾農村センター	2039年	阿尾	既成市街地	1780	-12.10%	-77.10%	2516	2212	1785	141.30%
余川谷農村研修館	2040年	栄町	既成市街地	1476	-12.60%	-20.00%	2862	2501	1945	193.90%
南公民館	2039年	朝日丘	既成市街地	4550	-7.10%	-32.00%	5859	5442	4152	128.80%
窪公民館	2037年	窪	既成市街地	8817	-11.20%	-29.10%	10528	9353	7800	119.40%
民部伝習館	2041年	朝日丘	既成市街地	1066	-11.70%	-25.90%	5336	4710	3819	500.60%
西条地区集会所	2043年	柳田	既成市街地	3634	-11.50%	-28.40%	3985	3526	2911	109.70%
中央公民館	2042年	既成市街地	既成市街地	22300	-8.90%	-26.90%	20025	18246	14632	89.80%

拠点候補の選定、施設検討の作業マニュアルの策定、2カ所程度のモデル地区の選定を検討し、地区コミュニティ施設の利用予測と老朽化（図表3-21）の状況と併せて検討していくこととした。

　まちなか市街地戦略の具体化

　市街地戦略については、まちなか居住と交流を生み出す市街地再生をテーマに、公共施設の廃止跡地、公共施設の老朽化、市街地空洞化と空き家増加、交流人口のまちなかへの誘導、地域交通結節点機能強化など、諸課題の解決に向け具体的な検討を進めていくこととした。

　特に、既成市街地の遊休資産の利活用問題として、旧氷見市役所、閉鎖された市民会館、旧市民病院、旧朝日丘小学校跡地の有効活用の視点から、地域の活力再生に必要な都市機能のあり方が喫緊の課題となっている。そこで、市街地が抱える諸課題の解決に向けて、市街地の社会インフラやサービス機能が集積していることを前提に、まちなか居住を推進する「居住誘導区域」や、まちなかに交流を生み出す機能や公共施設の老朽化を踏まえた検討と連動させる前提で、都市機能誘導を推進するための「都市機能誘導区域」の検討をしていく方針とした。

　地域交通戦略の具体化

　チームでは、地域交通戦略の具体化のあり方について、次のように論点を整理した。

　①八代地域で運営されている、コミュニティバス経営組織体の運営理念を継承した、新たな交通施策の検討。

　②地域の持続可能性を支える、セーフティネットとしての交通権・移動権の概念の整理。

　③流域山間部地域の交通問題は、単なるバス輸送の問題ではなく、地域の相互扶助力の低下を踏まえ、地域の見守り、地域コミュニティ持続支援機能を兼ねた地域交通システムの検討。

④公共交通運行路線のバス停圏域外の交通不便地域が年々増加する地区の
　　対応策の検討。

⑤地域住民、行政とバス事業者の協働・連携、役割分担の仕組みの検討な
　　どを踏まえ、「地域交通施策方針」を策定する。

象徴的なこととして、これまで実績のある八代地区NPOによるバス運行
モデルの経験を活かすことが検討された。例えば、氷見市の八代地区におい
て運行しているコミュニティバスは、「私たちのバス」「談話室のような楽し

いバス」として地域から愛
され、地域の交流を支える
ものとなり、2005年の運
行開始以降、10年連続で
黒字経営を保っている。

氷見市では、このように、
地方創生の一環としての都
市空間戦略を推進する中
で、住民による主体的な活
動により連携・協働を生み
出し、交流を促進すること
を推進してきたことなど、
地域の持続可能性を高める
ことに取り組んでいる。

ここで、「地域交通施策
基本方針」の概要を次のよ
うに紹介しておく。

〈地域交通施策基本方針〉
①氷見地域交通モデル
（新たなモビリティ）

図表 3-22「地域交通システム」

・市街地フィーダーバス

・園地区で検討が始まっているデマンド交システ

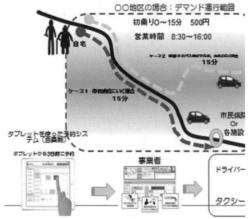

　の原則

・すべての市民は居住地や移動能力、日時に関わらず、移動によって確保
　される交流権を有している。市民にとって交流権は、単なる交通の手段
　にとどまらず、市民が地域社会において文化的な暮らしや生活、なりわ
　いの維持、交流を通じた地域の社会関係資本の形成・蓄積を図っていく
　うえで、モビリティの確保は活力の源泉といえる。

・八代地区のコミュニティバス運営は、地域住民が会員となって、地域の

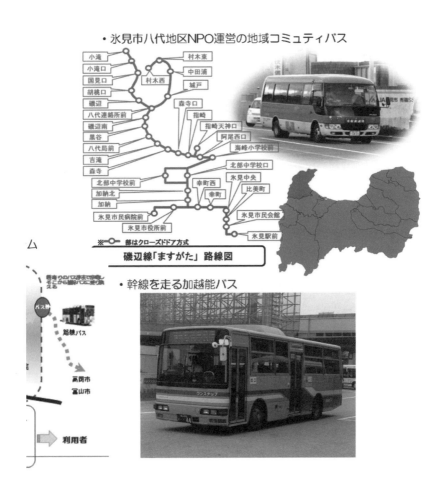

・氷見市八代地区NPO運営の地域コミュティバス

磯辺線「ますがた」路線図

・幹線を走る加越能バス

困り事を地域自らが解決する、住民自治が目指す姿といえる。コミュニティバスは単なるバスの運行でなく、高齢者の見守り、バスのサロン化などを通じた、地域からの発想であり、新たな住民自治の姿を継承、発展させ新たなモビリティの一つとして位置付ける。

②地域交通施策のあり方

・地域・事業者と行政による役割分担として、「幹線交通」⇔「山間部フィーダー交通」⇔「市街地フィーダー交通」⇔「交通不便地域システム」による、有機的ネットワークを形成する。また、地域交通結節点として市街地の中心部に位置する、複合施設内の乗り換えシステムを整備する（図表3-22）。

③山間部の交通システムのあり方

・八代地域で運営されているNPOバスの運営理念を継承した、山間部の流域筋にフィーダー交通システムを整備する。

・山間部地域の交通問題は、単なるバス輸送の問題ではなく、地域の相互扶助力の低下を踏まえた、地域の見守り、地域コミュニティ持続支援機能と交通移動システムの統合による、地域交通システムを形成する。

④交流地域システムは、新たな地域雇用を創出（若者雇用）する仕組みを検討する。

⑤小学校・中学校のスクールバス（直接雇用、事業委託方式）を地域のモビリティとして、交流を支える視点から、今後のあり方を検討する。

⑥氷見地域交通モデルの構築に向け、地域交通政策・補助金等、総合的な視点で、政策の一元化のもとにモビリティ問題を解決する。

2　自治体経営をどう変革させたか

（1）職員の意識変革

　氷見市の都市構造を前提に、「山間部の生活拠点戦略」「まちなか居住と交流を創出する市街地戦略」「山間部と市街地の交流を支える交通戦略」といった、三つの切り口による都市空間戦略を検討するプロジェクトチームを設置し、具体的な検討を行った。会議は毎月2回の頻度で筆者も参加して約8カ月にわたり行われた。

　都市空間戦略を具体化する全庁横断的な総合的視点から、問題解決を目指す政策改革を通じて、職員の意識変革により「どのような成果が生まれ、達成されたか」あるいは、「どのような課題が新たに生まれたか」について振り返る。

　プロジェクトチームの発足にあたり、共有すべき人口減少、少子・高齢化に関するデータは、事務局が用意する。チームごとの経営環境に関するデータについて、参加職員が整理することにした。

　氷見市の2010の年人口ピラミッドの形態は、日本全体の20年後の姿と近似し、氷見市が20年先行して人口が減少し、少子高齢化が進んでいる実態をチーム全体で把握した。

　縮小社会における「氷見市の地域課題」とは何か、3つのチームごとに検討する中で、「自分ごと」「みんなごと」「世の中ごと」の連鎖関係をどう構築していくか、社会的な人と人とのつながりの仕組みを形成していくことの大切さを意識するようになってきた。そして氷見市の課題を解決するためには，縦割り組織の弊害を取り除き、総合的視点によるプロジェクトの重要性に気づきはじめた。

チームごとの議論を集約し、全体として「氷見市の課題」を整理すると次
のようにとなる。

①高齢化・少子化・生産年齢人口の空洞化が進み、流域山間部は「限界集
　落の発生」と「相互扶助力の低下」が予測され、地域コミュニティ維持
　の困難性が高まる。

②人口構造データと人口分布状況、公共施設の法定耐用年数をもとに、小
　中学校の将来存続を予測すると、多くの小学校・中学校が廃校の危機に
　直面する。

③学校以外の公共施設について、耐用年数を超えることから改修，更新が
　必要となる。人口の空洞化を踏まえ、集約化が進むことが想定されるが、
　単なる集約化では、住民合意を得ることが困難であることが推測される。
　何らかのモビリティ手段の提供とあわせて行う必要がある。

④「人口密度」を根拠に配置されてきた各種のサービス機能（行政サー
　ビス、民間サービス）が、都市の低密化により維持困難となり、地域
　における生活環境を脅かすリスクが生じる。

⑤特に流域山間部の集落単位の「相互扶助力の低下」により、共助を担っ
　てきた自治会や地区社会福祉協議会の持続的な活動が困難となる。また、
　自治会の活動機能が低下していくことで、その活動を通じて高めてきた、
　安定した社会構造の基盤を脅かすリスクが潜んでいる。

⑥山間部の消費機能、医療機能、公共サービス機能は、市街地に依存して
　きた地域構造や拡大化した生活圏を機能させるため、その生活圏を支え
　るモビリティが必要である。他方で、高齢化に伴い自らマイカーを運転
　することの危険性・困難性が高ってくる。

　　公助での公共交通機関の提供も、規模と範囲の面から限界がある。地
　域コミュニティ単位での「新たなタイプのモビリティ」の設計が重要と
　なる。

こういった、地域コミュニティの再生や、公共サービスの再構築が求めら
れる。他方で、社会関係資本の維持・向上を見据えると、Uターンを促す「地

域での雇用」を創出し、様々なコミュニティビジネスを生み出すことにより、地域の困りごと支援や、地域施設の維持管理、高齢者の手助けなど、地域生活の向上に関わることで、地域の脆弱性が緩和することが期待される。

　3 つのプロジェットで整理した、「氷見市の課題」を解決するために、各課が日常業務にどのように反映し、各課が連携しながら実効性を高めていくことが、新たな課題となる。

（2）都市空間構造を支える地域交通戦略

　氷見市の地域交通戦略モデルは、八代地区の森杉氏が中心となり、2005年 8 月に、NPO 法人を設立し、過疎地有償輸送（スクールバス兼地域交通）による、コミュニティバスの運行がはじまった。

　発端は、2000 年八代地区の中学が廃校となることにより、阿尾川水系の八代地区と氷見駅とを結ぶ民間バスが同時に廃止されたことである。危機感を覚えた地域住民が、通勤通学と買い物などのバス路線を復活する要望書を市長に提出した。その後、スクールバスを兼ねた市営バス（6 往復 / 日、民間バス会社へ委託）が実現した。

　しかし、運行開始から 5 年が経過し、当時と比較して利用率が 1/6 に減少したことを理由に、市営バス路線は 2005 年をもって廃止された。

　地区全体が交通空白地域となり、マイカーを所有していない住民（高齢者、子ども、女性など）が交通難民になることに危機感を抱いた、森杉氏らが中心となって NPO 法人「八代コミュニティバス」を提案し、地区住民の賛同を得て実現した。

　NPO 会員が 225 人で、その内、バス会員 166 人により、地域コミュニティバスの運行がスタートした。その仕組みは、年間会費制により、八代地区の各集落と氷見駅との距離制（2 万～ 5 千円の 5 段階）、毎年 10 月末迄に会費の一括払い方式、バスの乗降は自由方式とし、2 路線を運営（平日 5 便、土休日 3 便）することとした。

　運転手は、八代地区に定年を迎えＵターンした人材を活用（運転手の雇12万/月）し、運転手以外の仕事として高齢者の見守り活動や児童クラブの補助などを兼ねている。地域コミュニティバスは、スクールバスを兼ねる方式とし、年間利用者が 17,2511 人で、運行から 10 年連続で黒字経営を保っている。

　「私たちのバス」は、目的がなくても乗車可能な「談話室のような楽しいバス」が、地域の交流を支えている。こういった活動がテレビや新聞報道で紹介されると、川筋バス路線の廃止が検討されている地域から森杉氏のもとへ「私たちのバス」の経営と運行状況について、問い合わせが殺到した。

　地域の移動や交通問題を地域全体で解決する観点から、地域住民の意識変革により「どのような成果が生まれ、達成されたか」あるいは、「どのような課題が新たに生まれたか」について振り返る。

　余川流域上流の灘浦地区では、同様の交通問題を抱えていた、地域づくり協議会に森杉氏を招き、幾度なく検討が行われ、住民の意識は、行政に頼るだけでなく、地域問題を地域自ら解決していく気運が高まった。高杉氏からのノウハウの伝授と支援により、コミュニティバス運営を決議し、2012 年から運行を開始した。

　地域コミュニティバスは、年間利用者 4,890 人、会員構成は 188 人でその内バス会員 86 人で、会費制（2 万〜5 千円の 4 段階方式）とし、八代方式を採用した。

　このように、氷見市では一部の地区で交通システムの実践が行われ、この仕組みを包括した「地域交通施策方針」が策定された。地域交通施策方針の検討過程で、筆者も何度か森杉氏と意見交換をおこなった。地域が生み出した「私たちのバス」方式を、地域から地域へ伝授して欲しいなど、共通認識を共有することができた。

　このような経緯を踏まえ、氷見市は「私たちのバス」方式を包括した地域交通施策方針（図表 3-23）を取りまとめた。

　地域住民の共助に公助を差し込む方式が確立されたことで、先行している

図表 3-23「氷見市地域コミュニティバス支援の仕組み」

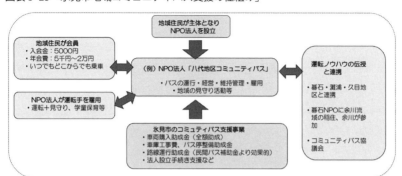

地域が、新たにコミュニティバス運営を検討する地区を支援する「地域連携方式」が生まれた。そして、2010 年碁石地区、2011 年久目地区などに普及した。また、碁石地区では、余川流域の稲住地区、余川地区が八代地区NPO組織へ参加し、組織が拡大していった。

　住民と行政との「補完性の原則」が、徐々に地域に浸透し「私たちのバス」方式が、市民権を得たのである。

　氷見市の「私たちのバス」方式が、地域コミュニティ単位で、コミュニティバスの管理・運営、運転手の確保や、運転手が運転だけでなく、二毛作事業（見守り活動や学童保育補助）として地域生活支援活動を兼ねることで、地域の困りごとを解決していく「住民協働」が、流域筋の各地域に拡大していった。

〔コラム⑧〕
地域交通政策と移動権

　人口減少、都市の低密化により、大都市、地方を問わず、郊外部の交通空白地域において、高齢者を中心とする交通弱者が増加傾向にあり、移動サービスに対する潜在的な需要が高まっている。

　その実態は、人口密度の低下による地域で運行されていたバスの廃止や減便、高齢化に伴い自ら運転することの危険性、困難性が高まり、家庭レベルの自助による交通弱者の支援の限界により、交通難民が生まれている。他方で、人々の生活圏や活動・交流は広域化し、バスなどの移動手段の需要が高まっている。このように、コミュニティ内の移動や拡大化した生活圏を機能させるために、その生活圏を支える交通システムの再構築が求められている。

　従来から、交通問題は、国と自治体は交通事業者任せの感があった。

　拡大成長時代、大都市圏を中心とする交通ラッシュや輸送力増強問題は、事業者が主体的に取組み、国や自治体が、後方支援に回る役柄であった。

　人口減少、高齢化が地方で先行し、「地域交通問題」が深刻化してきた。自治体は、交通問題を解決するために、単に交通事業者の経営判断に委ねるだけではなく、交通事業者が運行する赤字路線に対する財政支援、地域活動団体や交通事業者などとの連携も図りながら、コミュニティバス、デマンドバス・タクシーなど、試行錯誤の取り組みを行ってきた。

　国はようやく、2013 年 11 月に「交通政策基本法」を制定し、「豊かな国民生活の実現、地域の活力の向上、大規模災害への対応等の交通に関する施策についての基本理念」を定めた。

　このような経過を踏まえ、地域住民の暮らしと生命に最終責任を負う

注 -4)　移動権
移動権（交通権）とは、人が自由に移動する権利のこと。日本国憲法の第22条の「居住・移転および職業選択の自由」、第 25 条の「生存権」、第 13 条の「幸福追求権」などと関連した人権を集合した権利として定義されることがある。

基礎自治体において、人々が自由に移動する権利である「移動権（注-4参照）」を地域社会の中でどのように保障していくか、住民と交通事業者、行政が連携し、相互の役割を明らかにし、様々な交通を有機的に結びつけ、総合的な地域交通政策の「新しい枠組」をつくる必要がある。

このような状況下、近年、公共交通空白地域問題や地域の持続可能性を目指し、自由に移動が可能な「移動権」について、自治体や議会で議論が活発化してきた。地域公共交通に関する基本条例（総合条例）として、2023年3月日時点で、福岡市をはじめ、15自治体で制定されている。

自治体で制定された、「地域公共交通に関する基本条例」の共通事項として、①「移動する権利」の取り扱いについての整理、②移動手段を持たない高齢者の増加と配慮、③公共交通空白地域設定と選定基準、④環境負荷低減に向けた意識の高まりと地域交通政策のあり方、⑤住民及び事業者の参画と協働のもと公共交通の維持及び充実のあり方、⑥地域公共交通会議の組織・運営に関して必要な事項が規程されている。

例えば、福岡市議会では、2010年3月、議員立法による「公共交通空白地等及び移動制約者に係る生活交通の確保に関する条例」が制定された。その理念は、「市民の生活交通を確保し、すべての市民に健康で文化的な最低限度の生活を営むために必要な移動を保障する」とし、市だけでなく、市民、市民団体、公共交通事業者などがその取り組みに係わるものとしている。

三大都市圏での交通分担率は、鉄道が25％を占めており、バスと合わせて全体の30％が公共交通になっている。これに対し、地方都市圏での公共交通分担率は、鉄道とバスをあわせて7％にすぎない。地方圏の交通手段は圧倒的に自動車である。その担い手が高齢化に伴い、自ら運転することの危険性・困難性が高まってきているのである。

地域公共交通は、自動車を持たない高齢者や学生など、交通弱者にとって、暮らしと交流を支える、大切な移動手段である。高齢化が進む中、運転免許返納をせざるを得ない高齢者が増加し、さらに若者が離村して高齢者ばかりの集落が増えている。今後も、移動手段を地域公共交通に頼らざるをえない高齢者などがますます増えていく。

持続可能な地域社会を支える交通基盤は地域資源である。その地域資源として、地域交通システムを活性化する具体的な政策・施策が求めれているのである。

第4章
東京圏50キロに位置する「市」が目指した自治体経営政策選択

第1節　分権時代に相応しい地域内分権を
　　　　　目指した「藤沢市」の政策選択

1　総合計画と連携した地域内分権の政策実験

私たちの政府宣言

　神奈川県藤沢市は、東京から約50km、県の中央南部に位置し、周囲は6市1町（横浜市、鎌倉市、茅ヶ崎市、大和市、綾瀬市、海老名市、寒川町）に囲まれ、南は相模湾に面し、おおむね平坦な地形である。

　JR東海道線で東京まで約50分に位置する人口約44万人の都市である。藤沢市は、東京圏近郊の住宅都市であると同時に、江の島を中心とした湘南海岸一帯は、観光スポットとして有名である。市内を小田急江ノ島線が縦断し、南部をJR東海道本線が横断するかたちで走り、その総合駅である藤沢駅界隈は市の中心街を形成している。辻堂駅前に都市再生として開発された湘南C-Xには、複合都市機能が集積する広域都市拠点が形成されている。

　慶義塾大学など文教施設も多く、商工業都市、農・水産業都市としての色合いも濃く、バランスの取れた都市を形成している。

　藤沢市では約40年にわたって市民による市政参画、市民自治の取組が活発に行われ「市民集会」や「くらし・まちづくり会議」による市民自治の実

注-1）シビックプライド
　シビックプライドは、「市民の、都市の」という意味の「Civic」と、「誇り」を意味する「Pride」から成り立つ言葉であり、「都市に対する市民の誇り」といった概念である。

績を積み上げてきた。こうした取組みが、自分が生まれ育った地域への愛着やまちを愛する誇りを醸成し、シビックプライド（注 -1 参照）を育ててきた。このように住民自治の風土から地域ごとに、多様な主体による様々な地域活動が活発に展開されてきた。

　2011 年 3 月に、「藤沢市新総合計画」が基本構想、基本計画、実施計画による三層構造（図表 4-1）により策定された。筆者は自治体経営と総合計画のあり方や地域内分権のフレームづくりに係わった。

　基本構想は「私たちの政府宣言」をもとに、将来像と 3 つの基本理念、都市ビジョンで構成されている。基本計画は、全市と地域（13 地区）で検討する、ふじさわ未来課題、市域全体のまちづくり計画と地域まちづくり計画（13 地区）、中期財政計画と進捗管理で構成されている。実施計画は、市域全体のまちづくり実施計画と地域経営実施計画（13 地区実施計画）で構成されている。

　総合計画の特徴は「私たちの政府宣言」を踏まえ、「計画の分権化」を目指したものである。

図表 4-1 「藤沢市新総合計画のフレーム」

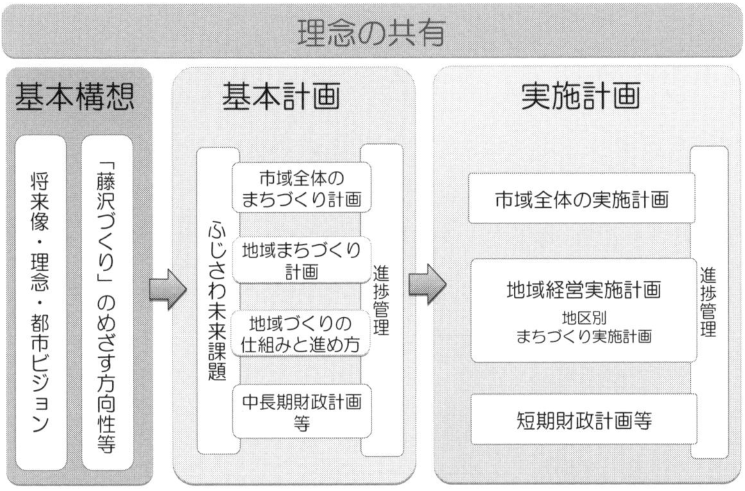

出典：藤沢市新総合計画

　基本構想の冒頭に「私たちの政府宣言」が記されている。その宣言の概要を次のように紹介しておく。

〈私たちの政府宣言〉（抜粋）

「新総合計画を実現するためには、それを実行する主体とシステムが必要です。市長と議会という二元代表の制度が前提にあります。それを実施するのは、行政であることはいうまでもありません。

　もう一方で、藤沢市では過去30有余年にわたり「市民集会」や「くらし・まちづくり会議」により、市民自治の実績を積み上げてきました。また、地域では市民が主体となって、自治会、町内会、ボランティア、ＮＰＯなどの活動が活発に展開され、自助・共助の精神も芽生え、さらにいま、進化した市民自治のしくみである地域経営会議や地域市民が中心となって進めていく『藤沢づくり』がはじまっています。

　このような藤沢の市民自治の歴史をふまえ、地方分権の潮流をチャンスと捉えて、市民、地域と行政とが手を携えて課題に立ち向かう新たなしくみを築いていくことが、私たちに課せられた課題です。

　このしくみを『私たちの政府』と呼び、そこから『市民主体のまちづくり（藤沢づくり）』を、私たち自身の力で進めていく努力をします。

　それによって、豊かで暮らしやすく、持続可能な私たちのまちが形成され、子や孫やさらにその将来の世代まで「藤沢に住み続けたい」と思えるまちづくりを行います。私たち市民一人ひとりが安心で着実な生活を営み、藤沢で暮らすことに誇りを持てるまちをつくるために、市民、地域と行政がつくる新たなしくみである『私たちの政府』を築いていくことを、私たちはここに宣言します。」と記されている。

　この宣言を実行に移すため、市内13地区の地域経営会議や市民センター・公民館を中心に地域内分権を進めるとともに、地域間で共通する課題は地区と地区が連携して解決し、市域全体の課題は市民と連携しながら行政が解決を図っていく。更に、市域を超える課題については近隣自治体と広域連携を

図表 4 - 2「地域内分権と広域連携のフレーム」

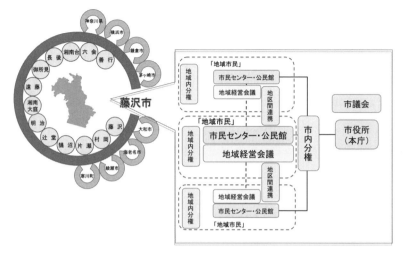

出典：藤沢市新総合計画

通して協働して解決を図っていくこととを位置づけた（図表4-2）。

　「私たちの政府」の仕組みとして、総合計画を市域全体計画と 13 地区別の地域づくり計画による「計画の分権化」をはじめとして、本庁一挙集中を改め、市民センター・公民館に市の権限と予算を分散化する「組織・権限の分権化」と「予算の分権化」によって、地域内分権を進めることとした。

分権時代における地域内分権化への潮流

　「地方分権一括法」が 1999 年に可決され、2000 年に施行された。改正地方自治法の画期的な点は、国と地方との関係を明記したことである。

　国と地方との役割分担を踏まえ、地方政府と住民自治を有効に機能させるには、地域自治組織を前提に、地域の住民が権限と責任を持って、市民と行政が協働し、知恵や創意工夫を活かした地域づくりを実現できることを保障することが重要となる。

　地域自治組織による地域内分権には 2 つの流れがある。一つとして、住民自治基本条例を根拠に、独自条例に基づく宝塚市、池田市などでの地域内

分権の取り組みである。二つとして、合併関連 3 法案の制定を踏まえ、平成の大合併を契機に地方自治法に基づく地域自治区や合併特区を活用した、浜松市・上越市・豊田市などでの地域内分権の取り組みである。

　導入状況をみると、地方自治法や合併特例に基づく、地域自治区・合併特例区併せて 40 団体、212 自治区と 4 特例区（2012 年 3 月現在）である。独自条例に基づく地域自治組織が整備されている自治体は、108 団体（地域活性化センターが 2010 年に実施した調査結果）である。地域自治組織が広がりつつあるといっても、市町村数 1,718 団体（特別区含む）の内、約 8.9％に導入されており、それほど多くはないのが実態である。

地域内分権化の根拠となる政策条例

　地域内分権の意義は、地域自治組織を中心に住民自治を進展させ、地域のことは地域の住民自らが権限と責任を持って意思決定できる自己決定権を保障することである。この観点にたてば制度として「住民参加による意思決定機能の保障」「意思決定過程における議会と地域自治組織との関係性」「予算案策定権限」「地域まちづくり計画策定権限」「地域自治組織と地域住民の意見集約・情報公開等の仕組み」「地域自治組織の選出方法」などを織り込む必要がある。

　地域内分権化により、分権型社会のシステムを構築することで、地域密着型の住民自治が機能することになる。このような観点にたって、独自条例を前提に計画の分権化、自治体組織内分権（出先機関への権限移譲）、予算の分権化について、地域内分権の仕組みを検討した上で、「藤沢市地域分権及び地域経営の推進に関する条例（案）」を取りまとめた。その条例案の概要について次のように紹介しておく。

　①目的
　・地域分権及び地域経営に関する基本的な理念とそれらの理念に則した永続的な地域づくりと藤沢づくりを推進するために必要な基本的事項を定める。

②基本理念

・市民、公共的団体及び地域経営会議並びに市は、それぞれが相互のパートナーシップを深め、それぞれが持つ技術、知識・経験等を活用するとともに連携し、協働して地域分権を推進する。

・市民、公共的団体及び地域経営会議並びに市は、それぞれ自律して行動し、かつ、相互に協働及び共創をしながら地域及び市域における市民にとっての暮らしやすさと豊かさの向上を目指す地域経営を推進する。

③地域内分権の推進

・地域内分権は、地域経営会議及び市民センター・公民館が市民及び公共的団体と連携し、地域の魅力及び特色を高め、かつ、地域における課題に取り組むことにより推進する。

・市内分権は，市が効果的に地域内分権を支援し、かつ、市民サービスの向上を図るために市民センター・公民館などの機能を高めることにより推進する。

④市民主体のまちづくり

・市民は、地域分権及び地域経営の推進のための自助の取組を実施するとともに、目的を達成するための活動への参加、連携及び協働に努める。

・公共的団体は、目的を達成するため、地域及び市域の魅力及び特色を高め、かつ、地域及び市域における課題に取り組むまちづくりを共助により推進するよう努める。

・地域経営会議は、目的を達成するため地域における魅力及び課題、地域のあり方、将来の方向性などについて、当該地域における様々な意見の集約を行い、地域自治としての課題解決に向けた意思決定を行い、永続的な地域のまちづくりの推進に努める。

このような内容による「藤沢市地域分権及び地域経営の推進に関する条例」を、2011 年 4 月に制定した（現在、この条例は廃止されている）。

独自条例に基づく地域住民組織と地域内分権

藤沢市では、2009年4月に「藤沢市地域経営会議設置要綱」を定め、人口1万人から5万人で構成される地区に地域住民による地域自治の意思決定機関となる13の「地域経営会議」を設置した。

「私たちの政府による自律と協働の藤沢づくり」の理念に基づき、新総合計画のスタートを契機に、2011年3月に「藤沢市地域分権及び地域経営の推進に関する条例」が制定され、設置要綱は廃止された。

地域自治組織は、条例に基づき設立することができる規定を設けている。組織は、市長の付属機関ではなく、地域自治の会議体としての性格を有している。規則に基づき、地域の在り方や将来の方向性の検討、地域特性に応じたまちづくりの企画・実施、政策提言、公共施設の有効活用などに関することが定められている。

この制度の最大の特長は、法設置の地域自治組織と異なり、意見表明権の行使だけでなく、地域まちづくり計画の策定権限、自助・共助によるまちづくりの実施、まちづくりに関する予算案策定権限など、住民参加に依拠した地域内分権に可能な限り踏み込んだ仕組みとなっていることだ。

地域自治組織委員の選出については、「区域内において活動する団体からの推薦、区域内に居住する者で構成」の規定に基づき、各会議体の主体性により決定し、市長に届け出る仕組みとなっている。

自治体組織内分権と地域内分権の関係については、地域内分権の充実を図るために、市内13地区の市民センター、公民館への権限と予算執行権を委譲し、地域住民自治組織の支援機能、地域完結型のワンストップサービス機能、地域まちづくり機能などの充実を図る。

地域まちづくり計画については、総合計画で地区別まちづくり計画・実施計画（図表4-3）を位置付け、地域自治組織が地域住民の意見を聞きながら計画案を策定する仕組みとなっている。また、予算化された事業は地域自治組織がPDCAサイクルで進捗管理を行い、公表する仕組みとなっている。

図表 4-3「基本計画と実施計画の関係」

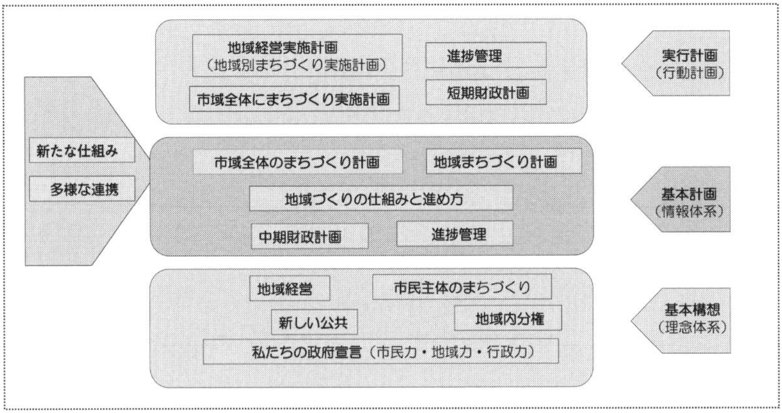

出典：藤沢市新総合計画

　そして、地区別まちづくり事業の実施に要する事業費に関する予算案策定権限が 13 地区の事務所長に付与され、所長（部長級）が地域自治組織と協働して予算案提案書を作成し、その案を審査して市長が地域予算案を議会に提案する仕組みとなっている。

　地域と住民の意思決定プロセスにおける議会と地域自治組織との関係は、市長から「地区別まちづくり基本計画」及び「実施計画」を議会に報告する仕組みとした。

　実施計画に伴う予算は、地域予算案として議会に提案し、議決を得ることになっている。そして、予算案を通じて、地域自治組織の意思決定プロセスの経緯を踏まえ、議会審議が行われる仕組みとなっている。

　地域予算の執行は拠点となる市民センター・公民館が入札・契約事務担当を通じて行う仕組みとした。

　藤沢市では、組織内分権化を推進するため、権限と予算の移譲を市民センター・公民館で行う方針に基づき、3 年間で 155 件の事務移譲、執行体制の強化を図るため、約 60 名の職員の配置転換、地域予算として約 24 億（2021 年度予算）を市民センター・公民館に予算の移譲を行った。

2　自治体経営をどう変革させたか

（1）職員の意識変革

　一般的に市役所内の区域の事務設置方式には、支所の事務分掌内容により、本庁方式、分庁方式、総合支所方式に分類され、支所などの配置は「面積が広い」「人口が多い」「地理的に遠隔である」などの理由により設置されている。

　分権改革の進展により、一つには、平成の大合併により、住民感情や地域サービス維持の観点から、従前の町村役場を廃止せずに、支所として位置づけるケースである。大半の市町村は、合併により区域が広域化し、交通不便地域である農山村地域を抱え、本庁から遠隔化した地勢要因を抱えている。多くの自治体は、住民サービスの維持から、戸籍、住民基本台帳、租税賦課等の窓口業務に加え、地域まちづくり機能、地域振興機能、保健・福祉機能等を移譲し、総合支所方式を採用している。

　二つには、住民自治の視点から、地域の課題は地域住民自らが解決し、将来の地域のあるべき方向性を意志決定する、住民自治機能の強化を図るため、支所を地域まちづくりの拠点として位置づけるケースである。そのため、自治体組織内分権により、窓口サービス機能に加え、地域まちづくり機能や地域内でのワンストップサービス機能の強化を図っている。

　藤沢市では、地域内分権改革の一環として、自治体組織内分権により市民センター・公民館機能の強化を図ることとした。具体的には、次のように事務事業の組織内分権化方針を紹介しておく。

　①地域まちづくり調整機能として、地域経営会議事務局、活動団体への支援、活動団体への助成金交付、広報・広聴活動機能の権限移譲。

　②地域施設の維持管理、整備の強化として、公園・街路樹などの維持管理、

道路の修繕・新設、安全施設の整備、地区内公共施設の維持管理・修繕
などの権限移譲。

③地域福祉機能として、地域包括支援センター機能、高齢者を支える福祉
サービス機能などの権限移譲。

④入札・契約機能強化として、拠点センター（4 つのセンター）への入札・
契約業務などの権限移譲。

⑤予算要求と予算執行機能の強化として、地域予算案と予算執行の事務事
業に関する権限移譲。

⑥専門性や技術力が求められる業務の支援として、本庁各部門に地区担当
制を配置し、バックアップオフィス機能を強化した。

このような、組織内分権方針に基づき、3 ヶ年かけて約 60 名の職員の再
配置とセンター長の部長級の職制配置により、権限強化を図る組織改正が行
われた。

このような観点から、地方分権改革を踏まえた、地域内分権改革を通じて、
職員の意識変革により、「どのような成果が生まれ、達成されたか」あるいは、
「どのような課題が新たに生まれたか」について振り返る。

職員から、「本庁から市民センター・公民館などへ移動は、左遷と思われ
る組織風土」「何故、地域内分権を行う必要があるのか」「職制・等級は本庁
職員と同様か」「従来センター長は議会出席要員でいながら、部長級になる
と議会への出席が求められるのか」など、様々な意見が寄せられた。

藤沢市でも、地域の抱える課題の多様化・高度化が進んでおり、行政が全
ての課題に対し、きめ細かく対応することは、事実上困難なものになってき
ている。また、持続可能な地域社会づくりの必要性から、地域住民と行政の
パートナーシップは非常に重要な位置づけにあり、地域に密着した公共サー
ビスを提供していく上で、地域内分権は欠かせない仕組である。

そのため、地域住民と行政がまちづくりのパートナーとして、適切な役割
分担により課題を解決していく、具体的な仕組みとして、市民センター・公
民館の機能を強化し、地域まちづくりの機能の強化とワンストップサービス

の完結を目指す、組織内分権化の必要性について粘り強く説明し、共通認識を共有することができた。

　また、センター長をはじめとした所員が一丸となり、地域経営会議と連携し、地域まちづくり計画案、実施計画案の策定や地域予算案を策定し、プロセスごとに地区集会を何度となく開催することで、地区住民との共通認識が徐々に醸成された。

　2019年3月、市議会に藤沢市としてはじめての試みとして「全市予算案と地域予算案」を市議会に提案した。議会当局の取り計らいにより、予算委員会を全市予算案の審議と地域予算の二部制に分け、地域予算の審議には、センター長が出席し、予算に関する質疑応答に対し、実に上手くこなしてくれた。

　全国ではじめての試行錯誤のよる試みが、議会による予算案の議決を経て、予算の分権化が成立した瞬間であった。

（2）住民自治と地域内分権

　藤沢市の地域経営会議の運用は、はじめに準備会を設置して委員構成や組織運営方針など協議し、その結果を踏まえ、湘南台地区に先行的に地域経営会議を設置し、同様のプロセスを経て、4カ月後に全13地区で設置された。

　地域経営会議の委員は、自治会代表、活動団体、ＮＰＯ、公募委員などで構成され、それぞれの地域で個性豊かな取組みを進め、地域主体のまちづくりを推進して行くための住民自治を実現するための仕組みである。

　このような観点から、地域まちづくり計画の策定を通じて、住民の意識変革により、「どのような成果が生まれ、達成されたか」あるいは、「どのような課題が新たに生まれたか」について振り返る。

　各地区で、地域経営会議と市民センター・公民館が連携し、地域の声を聞きながら、今後策定する「地域まちづくり計画」「地域経営実施計画」は、2011年度から新総合計画の中に位置づけていくことになる。

地域経営会議を通じて、地域住民から様々な声が寄せられた。その概要を次にように紹介しておく。

①「くらし・まちづくり会議」と「地域経営会議」との違いは何か。

②地方分権改革を踏まえた、地域内分権による住民主体のまちづくりの意議とは何か。

③地域住民による「地域経営」とは、どのようなことを行うのか。

④地域づくり計画と市域全体のまちづくり計画の違いは何か。

⑤地域経営実施計画では、「自助・共助による活動」と「公助を差し込む事業」との違いは何か。

⑥市民センター・公民館機能の強化について、具体的な方向性を示して欲しい。

⑦地域予算とは何か。

⑧他の自治体で地域内分権に取り組んでいる事例を紹介して欲しい。

⑨地域の声を伺いながら地域まちづくり計画を作成するプロセスを示して欲しいなど、様々な声が地域経営会議事務局によせられた。

このような地域からの気づきを「地域経営会議ニュース」「地域瓦版」「地区集会」などを通じて、疑問点を説明することで、地域経営会議と地域住民との温度差が徐々に氷解していった。

試行錯誤の中ではじまった、地域経営会議を地域の中に定着させていく上で課題も多い。協議会型住民自治組織は、一層の活発化が期待される中で、地域の各種団体を結集させ、地域における横のつながりを生みだし、地域住民間の連携が促進されることこそが、協議会型組織であり、「地域経営会議」設置の最大の意義である。協議会型住民自治組織が、行政と地域、さらには地域内の住民や各種団体をつなぐ役割を果たしていくことが望まれよう。

今後、地域経営会議が主体性、自発性のもとで活動を展開していくために、更なる地域内の多様な主体との協働・連携が課題となる。

〔コラム⑨〕
今後の地域内分権の課題

　縮小社会に入り、都市部を中心にコミュニティ意識の希薄化が指摘されている。少子・高齢化、人口減少社会の本格的到来を迎えた現在、自治会等の地縁団体の担い手不足、役員の固定化と高齢化、加入率の低下による活動の停滞が全国的に、問題視されるようになってきた。

　地域コミュニティの活動が縮小したことと相まって、住民の自発的活動による社会関係資本の蓄積を脅かすリスクが潜んでいる。自発的な地域活動機能が低下することで、いわゆる地域力の低下が問題となっている。

　地域内分権の意議とは、新たな地域協議組織を創設し、共助の仕組みをつくり、包摂したりすることによって、人と人との繋がりのネットワークを構築することが中心的な課題となる。

　地域内分権の仕組みには、先に述べたように、地方自治法に基づく地域自治区、合併特区を活用した地域内分権の取組みと独自条例に基づく地域内分権の取組みがある。このような制度の仕組みの違いを含め、今後の地域内分権を進める上で、課題を次のように整理した。

①地方自治法と地域自治組織との関係性

　　市長の「付属機関」は、原則として実施機関の諮問に対して審議し、意見を述べるものであり、意思決定機能は保障されていない。他方、独自条例では市民の主体性を寄りどころとする「地域自治の会議体」は、地域に関わる会議体であることから、意思決定機能を有するとの考えに基づいている。

　　いずれにしろ、試行錯誤を繰り返しながら工夫を凝らしているが、

制度面では、地域内分権への踏込み方の度合いが異なり、意思決定権、予算案策定権限、計画策定権限などの諸課題が内在しており、地域内分権を実現するための制度上の更なる検討が待たれる。

②議会と地域自治組織の関係性

　意思決定権と議会との関係において、議会には、代表機能（議会は住民を代表する構成）、監視機能（条例・予算・決算等の議決権）、政策立案機能を有している。意思決定過程における議会と地域住民組織との関係をどのように整理していくかの課題となる。

③自己決定権を保障するための、計画策定権限と予算案策定権限

　地域経営を市民と行政との協働で進めて行く観点に立てば、計画行政の体系である総合計画の枠組みに、地域まちづくり計画を位置付けることが望ましい。

　だが、住民自治の醸成には長い時間が必要となることから、その過程に、住民合意を前提に、地域まちづくり事業を提案し、実行に移し実績を積み上げていくことも必要である。

　また、予算案策定権限については、地域のまちづくりを総合的・計画的に行う場合と住民の動向に合わせて、毎年度事業計画を個別立案する場合がある。いずれにしても補助金・助成事業とは異なる性格から、組織内分権を前提に、出先機関の責任者（所長等）が協働・連携して予算案を策定し、市長が最終案を策定して、議会に予算案を提案する仕組みがあり得る。だが、行政での審議の過程で地域自治組織との調整・協議システムをどうするかは課題である。

④住民自治組織の選出と市民との関係

　住民自治組織の委員の選出にあたり、地域住民の声を如何に反映させて行くかの視点から、様々な試行錯誤が行われている。地域住民の投票で委員を選出する、名古屋市地域委員会委員の「公選制」、上越市の「準公選制」方式、浜松市の地域自治区の住民が推薦した者の中から市長が任命する方式、池田市・藤沢市等の地域内に居住する住民

が、市民活動団体の推薦、市民からの公募により委員を選出し、行政へ地域自治組織の届け出を行う方式、その他に行政が市民団体からの推薦と市民公募により地域自治組織委員を選定して認定する方式などが行われている。

　地域住民組織の課題は、地方自治法上の付属機関や地域自治の会議体としての位置づけの違いや制度上の制約があるとしても、組織の目指す方向として、地域の住民自らが課題解決していく、地域自治組織として捉え、地域の地縁組織・住民活動団体・ＮＰＯとの協力と連携体制を如何に構築していくかということである。

　意思決定プロセスにおける、地域自治組織と地域住民との関係において、地域住民の声を聴く、意思決定プロセスの公開、情報の積極的開示などを通じて、住民の「絆」「つながり」「信頼」を構築していく必要がある。

　いずれにしても、地域自治組織は、何を持って地域を代表するのか、組織体の意思決定プロセスと地域住民との関係を深化させていく必要がある。

⑤地域自治組織と行政組織との関係性

　地域内分権施策の推進にあたっては、市民と行政との連携・協働を前提としたパートナーシップのあり方を、行政組織も自治体職員も全庁的に考え、仕組みをつくっていく覚悟と信念が必要となる。単なる一部課に任せるのではなく、全庁的に住民自治を支える体制の強化や、住民自治の推進本部としての役割を担う出先機関へのまちづくり支援機能など、権限の充実に向けた組織改革も必要となる。

⑥地域内分権を深化させていく視点

　地域自治組織が単なる行政機関の下請け組織になること、また、当該地域のことのみを考えることとなっては、真の分権化の意味はない。地域自治組織は、地域の課題を解決するだけでなく、自治体が抱える諸課題に対しても、身近なことから積極的に考え、行動を起こすこと

も重要となる。そのためには、低成長・成熟化社会の到来による自治
体が抱える財政・行政経営などの諸課題を住民に率直に伝え、社会構
造の変化に合わせた新たな自治や地方政府の形を考えられる状況にす
ること、社会関係資本が脅かされるリスクを軽減するための方策を住
民と行政が考え、実践を行っていくことも必要となる。例えば、膨れ
上がった行政サービスの水準に対して、自主財源を前提としたサービ
スのあり方、受益と負担の関係の再配分のあり方、老朽化・機能低下
した公共施設などの「量と質」の課題など、地域の身近ことを考える
感覚と、自治体全体を考える、感覚とを合わせ持ち、新たな方向性を
導くことも、避けて通れない課題でもある。

　このように、地域内分権を深化させていくために解決すべき、いくつ
かの課題が見えてきた。いずれにしても、住民自治の充実と地域内分権
を図る制度・仕組みは、自治体の置かれている環境、地域構造、住民の
自治意識、自治体の経営実態が異なることから、一つの制度や仕組みを
持って、全国一律方式で行うことは困難であろう。

　また、先行する自治体の制度・仕組みを研究することは良いことであ
るが、そのまま導入をすることは危険を伴う。大切なことは行政が創意
工夫を凝らし、住民と行政とのパートナーシップにより、活動・実践を
通じて障壁を取り除きながら、身の丈に合った制度・仕組みを構築する
ことである。

第 2 節　新総合計画を起点に行政経営システム構築を目指した「市原市」の政策選択

1　計画群の総合化と行政システムの統合化

総合計画の改訂を契機とした自治体経営改革

　千葉県市原市は、都心から 50km 圏に位置し、その立地は、房総半島の中央にあり、北は政令指定都市で県庁所在地の千葉市、北部には石油化学工業をはじめとする大手企業が多数進出し、コンビナート群が形成され発展してきた。市南部は養老渓谷に代表される水と緑豊かな里山の風景が広がり、多様な風土と地域構造を有する約 27 万人の都市である。

　東京湾に面した地域は、日本有数の石油化学コンビナート地帯であり、製造品出荷額は全国第 2 位の規模である。経済成長時代には、全国一の数のゴルフ場が開発された。また、北西部地域を中心に住宅開発が行われ、人口は急激に増加した。他方で、人口は 2003 年の約 28 万人をピークに減少傾向を示し、2040 年の将来人口予測では、約 22 万人に減少すると推計されている。すでに、2013 年には、人口減少数は県内ワースト 1 位（翌年は 2 位）となっている。

　このような状況にある市原市では、2017 年度から運用する総合計画の策定に際して、2014 年度から、筆者らの助言・指導のもとで、総合計画の策定・運用のあり方の検討や、総合計画の前提となる市原市の経営環境の未来予測、総合計画を中核に据えた自治体経営のトータルシステム構築などに取り組ん

できた。

　具体的には、まず、総合計画の検討に取り組む前に、市役所職員が中心となり、主に人口予測をベースに、様々な切り口から未来予測を行った。なお、ここで、次のように分析内容を一部紹介しておく。

〈人口構造の予測と課題〉

・人口減少、少子高齢化は、税収やコミュニティの維持、産業や地域活力など、広範囲に影響を及ぼすが、この傾向を短期的に克服することは困難である。このため、ある程度、人口減少を前提とした取り組みを推進していくことは必要だが、他方、長期的な視点から、本市の活力を維持・存続していくため、出生率向上に資する環境づくりや、市の魅力を高め、特に若い世代の市外流出を阻止する施策などについても併せて検討していく必要がある。

〈産業関連予測と課題〉

・市原市の産業は、雇用や税収などの面において臨海部企業の影響を受けている。臨海部企業は、国際競争の激化や国内需要の縮小、設備の老朽化など様々な課題に直面している。県下第6位の耕作地面積を有しているが、農家数、作付け面積は減少傾向にある。また、就業人口の増減は生産年齢人口の増減によるところが大きく、今後の生産年齢人口の減少を踏まえると就業人口も減少していくものと予測される。

〈財政構造予測と課題〉

・市税のうち、約4割を臨界部企業が占める財政構造となっている。少子高齢化、人口減少の影響により、市税をはじめとする経常一般財源の伸びは見込めない一方で、義務的経費である扶助費などの増加により、財政収支は年々拡大傾向にある。

　これに加えて、臨海部企業の産業再編による規模縮小の可能性や公共施設などの維持更新への対応により、歳入・歳出面において、財政逼迫が予測される。このため、歳出削減と将来にわたって持続可能な規律ある財政の検討が必要となる。

　そこで、市原市では、新総合計画を策定するタイミングを一つの契機と捉え、自治体経営のシステム構築に取り組むこととした。

　それは、総合計画を中心とした行政システムの統合化や、総合計画と個別計画の総合化、多様な主体との連携による地域主体のまちづくりの推進など、総合計画を起点に、「行政経営（＝市原市役所という行政組織の経営）」と「地域経営（＝市原市という地域の経営）」の両面での自治体経営が機能する仕組みを設計することとしたのである。

総合計画条例による自治体経営の基盤をつくる

　これまで、地方自治法第 2 条第 4 項において、市町村に対し、総合計画の基本部分である「基本構想」について議会の議決を経たうえで定めることが義務付けされていた。2011 年 5 月の地方自治法改正により、基本構想の策定義務付けが撤廃され、策定及び議会の議決を経るかどうかは市の裁量に委ねられることとなった。

　市原市ではこのことから、法的な義務がなくなったとしても、本市にとって総合計画は必要不可欠なものであり、今後も総合計画を策定すべきとの考えに至った。ついては、地域固有のルールを新たに「総合計画に係る条例」を定めて、これに則り、総合計画を策定していくものとした。

　市民の代表である市議会の議決を経ることで、市民の総意により策定されたものであることを裏付けるため、引き続き、議会の議決を経た上で、策定すべき方針とした。

　2016 年 9 月「市原市総合計画条例」が制定された。ここで次のように、条例の概要について紹介しておく。

①総合計画は、市の将来の姿を明確に示し、まちづくりの総合的な指針となる最上位の計画であり、基本構想、基本計画及び実行計画をもって構成する。

②基本構想は、市が目指すべき将来の姿を示したものをいう。基本計画は、基本構想に掲げた、目指すべき将来の姿を実現するための計画であり、

まちづくりに係る施策の方向性を体系的に示したものをいう。実行計画は、基本計画に掲げる施策を実現するために策定する計画であり、具体的な事業を示したものをいう。

③市長は、総合計画基本構想に掲げる目的を達成するため、市民の意見を聴き、基本構想を策定しなければならない。

④市長は、市政を巡る社会情勢などの変化に伴い、必要が生じたときは基本構想を変更することができる。また、基本計画を必要に応じて変更することができる。

⑤市長は、基本計画に基づき、市の財政状況を踏まえ実行計画を策定しなければならない

⑥市長は、基本構想を策定し又は変更しようとするときは、議会の議決を経なければならない。

⑦個別計画の策定にあたっては、基本計画と調整を図らなければならない。

⑧審議会は、総合計画の策定、変更及び推進、その他市政に関する重要な事項に関し、必要な調査及び審議を行うものとする。

この条例制定に基づき、総合計画を最上位の計画と位置付けることで、総合計画を中心とした自治体経営のトータルシステム化を図ること。総合計画と個別計画の総合化を行い、総合計画との期限・期間の整合や、総合計画体系としての個別計画を位置づけ、基本計画との役割分担を行うこと。基本構想・基本計画・実行計画で構成される総合計画体系において、それぞれの段階で評価指標を持つことで、効果検証を体系的に行うこと。従来の審議会は計画策定に主眼が置かれていたが、総合計画体系が持つ評価の仕組みによる検証を行うことや、その評価・検証を踏まえた総合計画の変更を行うことといった、策定後における役割を担うものなどが特徴といえる。

　総合計画条例に基づき市原市は、人口減少などの諸課題に対し、10年後の市の姿を明確に示し、まちづくりの総合的な指針となる「市原市総合計画2026」を、2017年3月に策定した。

総合計画の仕組みと指標体系

　総合計画は3層構造とした。基本構想は、基本理念「『変革と創造』で新たな未来を切り拓くまちづくり」で都市像と目指すまちの姿を掲げている。基本計画は、目指す将来の姿を実現するため、政策・施策の体系を示している。実行計画は、施策を実現するため、具体的な事業を掲げた構成をした。また、市原市は総合計画を中心とした「計画の総合化」と「行政システムの統合化」、シーズンレビューによる「総合計画の進捗管理」をトータルシステムとして位置づけている。その方針により、総合計画体系に基づく評価・検証仕組みとして各種指標（図表4-4）を設定している。

図表4-4「総合計画の指標体系」

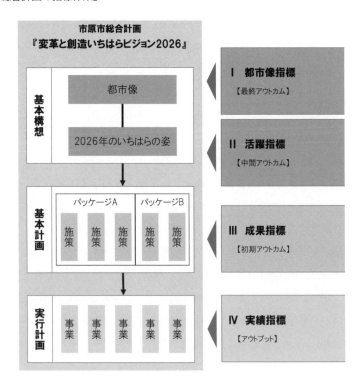

　基本構想に最終アウトカム「都市像指標」を2指標、中間アウトカムとして「活躍指標（2026年いちはらの姿）」46指標。基本計画に初期アウトカム「成果指標」114指標。実行計画にアウトプット「実績指標」を設定した。

　各部門は、夏のシーズンレビューおいてに施策・事務事業の内部評価を行い、その結果について、「いちはら市民会議」に提案し、生活実感からの点検を経て、総合計画審議会による外部評価を行う仕組みとした。

総合計画と個別計画の同時改定と連動化

　市原市では、総合計画の改定に際し、策定されている「個別計画」の実態調査を行った。その結果、法定計画と独自計画を含めて、85程度の計画が存在していた。

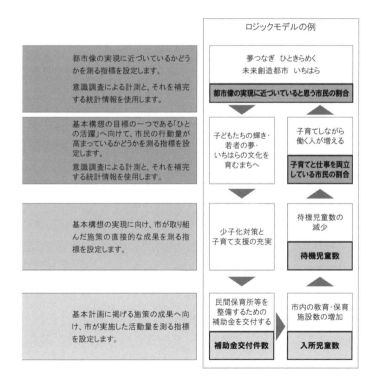

図表 4-5 「2026 年のいちはらの姿を実現する施策」

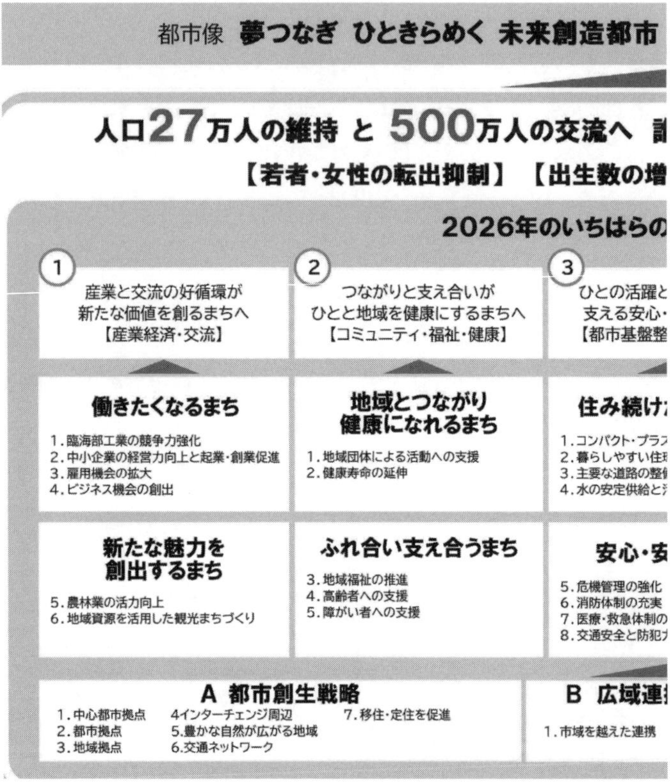

都市像　夢つなぎ　ひときらめく　未来創造都市

人口27万人の維持　と　500万人の交流へ
【若者・女性の転出抑制】【出生数の増】

2026年のいちはらの

① 産業と交流の好循環が
新たな価値を創るまちへ
【産業経済・交流】

② つながりと支え合いが
ひとと地域を健康にするまちへ
【コミュニティ・福祉・健康】

③ ひとの活躍と
支える安心・
【都市基盤整

働きたくなるまち
1. 臨海部工業の競争力強化
2. 中小企業の経営力向上と起業・創業促進
3. 雇用機会の拡大
4. ビジネス機会の創出

地域とつながり
健康になれるまち
1. 地域団体による活動への支援
2. 健康寿命の延伸

住み続け
1. コンパクト・プラン
2. 暮らしやすい住
3. 主要な道路の整
4. 水の安定供給と

新たな魅力を
創出するまち
5. 農林業の活力向上
6. 地域資源を活用した観光まちづくり

ふれ合い支え合うまち
3. 地域福祉の推進
4. 高齢者への支援
5. 障がい者への支援

安心・安
5. 危機管理の強化
6. 消防体制の充実
7. 医療・救急体制の
8. 交通安全と防犯

A 都市創生戦略
1. 中心都市拠点　4インターチェンジ周辺　7. 移住・定住を促進
2. 都市拠点　5. 豊かな自然が広がる地域
3. 地域拠点　6. 交通ネットワーク

B 広域連
1. 市域を越えた連携

　そこで、総合計画の基本構想で示す「2026 年のいちはらの姿（図表 4-5）」を実現するため、基本計画の施策体系において、個別計画との連動を図ることとした。市原市の共通目標である「2026 年のいちはらの姿」の実現に向けて、計画群を連動させることで、総合計画の実行性を確保することを目指したのである。

　より具体的な検討を進めるために、総合計画条例に基づき、以下のような特徴を持つ「個別計画の策定に関する基本指針」を定めた。

　①個別計画の期間は、総合計画との整合を図るものとし、その期間を2017 〜 26 年度までとする。ただし、法令や国県の計画の関係により

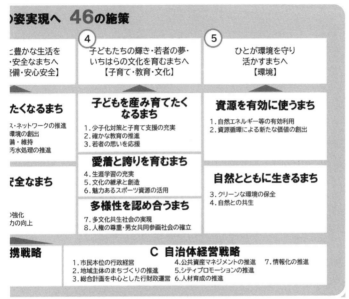

いちはら　～ひとの活躍が新たな誇りを創るまちへ～

誰もが住みやすく 活躍できる 魅力あふれるまちづくり
【加】 【愛着と誇りの醸成】 【魅力創出】

の姿実現へ **46**の施策

④ 子どもたちの輝き・若者の夢・
いちはらの文化を育むまちへ
【子育て・教育・文化】

⑤ ひとが環境を守り
活かすまちへ
【環境】

**子どもを産み育てたく
なるまち**
1. 少子化対策と子育て支援の充実
2. 確かな教育の推進
3. 若者の思いを応援

資源を有効に使うまち
1. 自然エネルギー等の有効利用
2. 資源循環による新たな価値の創出

愛着と誇りを育むまち
4. 生涯学習の充実
5. 文化の継承と創造
6. 魅力あるスポーツ資源の活用

自然とともに生きるまち
3. クリーンな環境の保全
4. 自然との共生

多様性を認め合うまち
7. 多文化共生社会の実現
8. 人権の尊重・男女共同参画社会の確立

豊かな生活を
・安全なまちへ
備・安心安全】

たくなるまち
ス・ネットワークの推進
環境の創出
備・維持
汚水処理の推進

全なまち

強化
力の向上

携戦略

C　自治体経営戦略
1. 市民本位の行政経営　　4. 公共資産マネジメントの推進　　7. 情報化の推進
2. 地域主体のまちづくりの推進　　5. シティプロモーションの推進
3. 総合計画を中心とした行財政運営　　6. 人材育成の推進

出典：市原市総合計画 2026

整合が難しいものは個別協議とする。

②個別計画の策定にあたり、既存の個別計画の必要性や有効性を点検した
上で、計画の対象範囲の見直しや整理・統合などを検討する。

③多様化する市民ニーズを捉えるため、様々な手段を活用して幅広く民意
を反映させる。また、個別計画策定に関わる審議会や懇談会などについ
ても統廃合を行い、効果的な計画策定を進める。

④個別計画は、総合計画の一部を構成する重要性から、市原市職務執行規
程を適用し、原則、市長決裁とする。また、企画調整課の合議を受ける
ものとする。

⑤総合計画策定全般に係る調整を行う機関として設置した「新総合計画策定推進本部」を活用し、個別計画の調整の場として位置づける。

このような「基本指針」により、85程度の個別計画を「その他計画への影響が大きい計画」「実施計画レベルのもの」「総合計画とは別体系のもの」に分類・選別し、個別に調整を行った結果、40の個別計画を総合計画体系に位置づけることとした。

そして、総合計画と個別計画は、可能な限り、同時改訂を行うこととし、改訂時期を迎えたものや、改訂時期の前倒し、改訂時期の一年延期措置などにより、同時改訂をするように調整した。

行政経営トータルシステムの改善

2017年3月に総合計画を策定し、運用をはじめてから3年が経過した。社会経済情勢の変化、人口ビジョン推計の下振れを踏まえ、総合計画（2017年〜2026年）の改訂を行うこととなった。

この改訂にあたり、企画部・財政部・総務部を中心にチームを編成し、トータルシステムの仕組みを検証して、改善すべき事項を次のように整理をした。

①成果指標の検証

　　基本計画の成果指標113本のうち、「基準値より上昇している指標」が80本で、全体の7割以上あり、施策の成果が発現していると考えられる状況であった。また、目標に向けた達成状況として、「計画を上回っている」が66本、「概ね計画どおり」が4本、「計画が未達成」 が40本であった。未達成の計画について、2026年までの目標達成に向けた、施策や事業の「やり方の改善（実施方法の改善）」と「やることの改善（実施すべきことの改善）」を促す必要がある。

②成果指標の追加と目標値の修正

　　企画部と財務部が連携し、担当事業課とのヒアリングを通じて、成果　指標の点検を実施した。その結果、現在の基本計画では、一部の指標　について、施策の効果を適切に評価できない指標や、目標値をすで

に　達成した指標が設定されているため、指標の追加と目標値の修正を行う必要がある。

　また、基本計画の施策や指標と実行計画の事業が体系的に整理されていないため、それらの体系化を的確に行うことで、指標動向の検証を通じ、事業のスクラップを効果的に進める必要がある。

③基本計画の施策強化

　これまでの成果や課題、人口フレーム、財政フレームの検証を踏まえ、現在の基本計画の各種施策を点検し、強化すべき点、新たに取り組むべき点、スクラップすべき事業を的確に反映する必要がある。

④シーズンレビューのブラッシュアップ

　シーズンレビューは、年間３回、行われている。「スプリングレビュー」では、変革方針に関する協議や、指標の点検によりスクラップする事業候補の検討を行う。「サマーレビュー」では、スクラップ事業の提案、実行計画の策定方針の確認を行う。そして、「オータムレビュー」では、スクラップ事業を予算編成に反映させる。

　その３年間の運用状況から、システムが形骸化し、「課題・改善・反映」のPDCAサイクルが機能せず、事業のスクラップが進まず、事務事業が増加する傾向にあった。このような、運用状況を改善するために、シーズンレビューのブラッシュアップが必要である。

⑤事業単位を揃える必要性

　事業単位が約 1,100 本あり、事業の単位が細かすぎ、類似名称の事業が複数計上されている。また、関係する事業が重複して計上されていることを踏まえ、実行計画事業の事業単位を市民にわかりやすい形に揃える。併せて、実行計画と予算事業の単位をそろえるため、改善に２～３年かけ、事業単位を 700 程度に統廃合する必要がある。

⑥変革・改革を担う３部門の連携の必要性

　企画部所管の「総合計画」と、総務部所管の「行財政改革大綱」「事業仕分け」「目標管理型評価」の整合化と連動を進める。また、総合計

画の「実行計画」と財務部所管の「財政計画」「予算編成システム」との連携し、相互の事業単位の統一と予算編成における「政策規律と財政規律」の徹底が必要である。

　市原市は、行政計画の最上位の計画として「総合計画」を位置づけており、自治体経営の羅針盤であり、経営の中核を担う企画部、財務部、総務部が連携して、トータルシステムを推進する。

⑦部門内・部門間の連携による施策パッケージ化の推進

　総合計画では、関連する施策を連動させ、相乗効果を発揮して総合的に成果を高める「施策パッケージ方式」で、行うこととしている。点検の結果、部門が連携して、施策のパッケージ化に係わる協議や事業間の情報交換があまり行われていなかった。部門内・部門間の連携による施策パッケージの推進に向けた強化が必要である。

⑧3 部次長による事業のスクラップ調整

　総合計画の推進と進捗管理を担う、企画部、総務部、財務部の筆頭次長による、各部門との「スクラップ対象事案」の対応策として、「次長調整会議」を試行し、事務事業の調整をスタートさせる。

⑨シーズンレビューの可視化

　トータルシステム改革を推進するために、市長を中心としたレビューがどのように行われ、効果が期待できない事業や賞味期限切れの事業、事業の統廃合など、議論の経過が部長、課長の管理職にしか公開されていない状況を、全ての職員がシーズンレビューの状況を、可視化できるようにインターネット配信を試行する。

こういった課題設定のもと、基本計画が 2020 年に改訂されたことを踏まえ、2020 年度から「企画・財政・総務会議」が設置された。

この会議の目的は、トータルシステムの構築と総合計画を中心とした自治体経営改革の推進であり、その構成は、企画部・財政部・総務部の部長・次長・課長・担当と筆者らの政策アドバイザー（著者）とした。

　トータルシステムのポイントは、組織内・組織間の対話を通じた、様々な

観点からの気づきを共有し、新たな気づきを引き出し、持続的な改善を促すことである。そういった現場での試行錯誤に対し、市長をはじめとする理事者も実現に向けての後押しをする。

　市原市ではトータルシステムの追求をもとに、組織風土のあり方も含めた、市長と職員との協働による「変革と創造」の挑戦が展開されている。

2　自治体経営をどう変革させたか

（1）職員の意識変革

　行政経営トータルシステムの構築について、全職員の理解と協力を得るため「行政経営トータルシステム研修」を、2回開催した。職員からの意見として、「新たな仕組みを何故、つくる必要があるのか」「シーズンレビューに関する資料作成に手間暇がかかる」「目の前の日常業務に追われ、業務改善を考えるゆとりがほとんどない」「事務事業のスクラップについて、関係者がいるので難しい」「トータルシステムを構築すると業務量が減少するのか」など、否定的な意見が寄せられた。

　研修を通じて感じたことは、行政経営改革とは持続的な営みであり、自律的な改革能力を組織と職員に注ぎ込んでいく作業である。また、行政組織や職員は、自らが直面する課題のすべてについて自律的に意思決定を行うことの難しさもある。

　そのため、行政経営トータルシステムを構築するには、試行錯誤と失敗・改善を繰り返しながら息の長い、取り組みを進めていく必要がある。大切なことは「市長の変革に向けた本気度」を示すため、トータルシステムを推進する「指令塔」の役割を担う、企画・総務・財務部門の連携と目指す方向の共有が重要となる。このような政策アドバイザーからの助言を踏まえ「企画・

総務・財務部門会議」を設置し、原則、毎月 3 部長と課長、担当者などが
出席する仕組みが動きだした。

　トータルシステムの構築を目指し、「企画・総務・財務部門会議」が、問
題解決を目指す改善活動を通じて、職員の意識変革により「どのような成果
が生まれ、達成されたか」あるいは、「どのような課題が新たに生まれたか」
について振り返る。

　3 部会議において、組織内や職員と対話を通じて寄せられた意見から、実
態にそぐわない基本計画の成果指標 114 指標について、担当課職員との意
見交換を通じ、点検し、全て見直すこととした。また、シーズンレビューを
通じ、施策・事務事業の目標達成が困難な事案について、3 部次長と各部門
次長とによる改善方策に係わる調整をおこなうこととした。

　こうした組織内・組織間の対話を通じ、気づきを引き出し、持続的な改善
を促すことを粘り強く行うことで、徐々に職員らの信頼を得ることができ、
トータルシステムの意議について共通認識が、徐々に醸成されはじめた。

　次に取り組んだことは、事業単位が約 1,100 本あり、事業の単位が細か
すぎる類似名称の事業が複数計上されている。事業単位の改善を一定のルー
ルのもと、部門ごとに事業単位を見直す作業を進め、併せて、実行計画と予
算事業の単位をそろえることとした。

　この改善の意義は、実行計画に示された事業と予算編成調書に示した事業
単位を整合させることで無駄を省き、事務の煩雑さを軽減する、重要な改善
といえる。

　上からの命令方式、上から目線の改革は、組織・職員から理解を得ること
は難しい。仮に命令に従い改善を行ったとしても、本気度によるものでは、
必ずしもない。組織・職員の気づきを集め、職員に寄り沿いながら改革を進
めていくこと一つの大切な取組みといえる。

（2）行政経営システムの構築

　自治体の行政経営は、総合計画をはじめ個別計画など、様々な計画群に基づき活動している。先に述べたように、市原市は最上位に位置づけた総合計画を中心に、施策体系の中に個別計画を紐づけ、基本計画と個別計画の関係と役割分担を明確にし、総合計画を中心にPDCAサイクルを回し、計画の総合化を図っている。

　また、総合計画は、目標とする成果や達成状況を検証する指標体系を有し、様々な行政システム（予算システム、行政評価、行財政改革、人事評価、定数管理、人材支援など）と計画群とのトータルな仕組みを形成し、機能させることが「行政経営トータルシステム」の目的である。

　市原市の「トータルシステムの基本フロー」（図表4-6）では、年間を通じた「効果検証フェーズ」「集中変革フェーズ」「計画フェーズ」ごとに、「やり方の改善」、「やることの改善」「指標の改善」のポイントが明示されている。このことにより、職員が年間スケジュールを共有し、自らの業務に組み入れることで、いつ何をすべきかを意識し、行動をすることが可能になる。

　トータルシステム構築を目指し、「企画・総務・財務部門会議」が、課題解決を目指す取組みを通じて、職員の意識変革により「どのような成果が生

図表4-6「市原市トータルシステムの基本フロー」

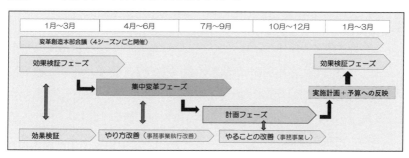

まれ、達成されたか」あるいは、「どのような課題が新たに生まれたか」について振り返る。

　今後の課題として、行政システムをどのように、トータルシステムに紐付け、総合的なシステムに改善していくか、「企画・総務・財務部門会議」で検討をはじめた。

　現在、行政システムとして存在しているシステムの目的別に次のように整理した。

　①生産性向上・合理化を目的としたシステム

　　・事業仕分け、行財政改革、事務改善システム。

　②組織管理・人事評価システム

　　・部・課の目標管理システム、人事評価システム、定数管理システム、人材育成・研修制度。

　③総合計画支援システム

　　・予算編成、決算システム、行財政改革。

　④評価に関するシステム

　　・行政評価、事業評価、外部評価を担う「いちはら市民会議」「総合計画審議会」。

　⑤情報のオープン化システム

　　・情報公開制度、パブリックコメントなどが存在する。

　このような、類似のシステムや屋上屋を重ねた、システムの改善案として、3部門会議で次のように3点の改革案を確認した。

　①重複するシステムの統廃合

　　　行財政改革大綱は「ヒト・モノ・カネ」を削減し、行政内部の合理化と生産性向上に寄与する「無駄を省く」システムである。事業仕分けは、公開の場で外部の視点を入れて予算事業の現場実態を把握し、そもそも必要なのか、誰が行うべきか、無駄がないかなどを判定するシステムである。目指す方向は同じであることから、行財政改革システムに事業仕分けを統合させる。

②目標管理と職員の人事評価の連動

　　市原市の総合計画では、全ての活動・事業が紐づけられている。部・課の目標管理に、総合計画の政策・施策の推進する方針が掲げられている。その方針を踏まえ、職員一人一人が何を担い、実現の行動プロセスを明記させ、年間2回程度、課長とのヒアリングを通じて進捗管理を行う。その成果を給与体系に反映させることで職員の説明責任を明確化させる。

③事務事業計画立案と課内の人的配置を明確化

　　職員の業務量は年々増加傾向にある。他方で、事務事業と予算措置の関係は、トップダウンによる指示や課内の業務分担、職員配置を考えずに要求するケースが多く見られる。その結果、事務事業をこなせない問題が組織に発生する。このような課題を解決するため、事業計画を作成する時点で、必ず課内の業務量を踏まえ、職員配置を検討し、事業計画を作成するようにシステム改善を図ることとした。

　現在、自治体経営に求められていることは、システム全体として機能させることであり、現状のシステムを整理し、全てのシステムを同期させて機能させるようにする（トータルシステム化）必要がある。

　各々のシステムが効果的に機能することで、職員に対する業務量を削減し、無駄を省くことで、生産性が向上することを職員に実感させることである。

　このような、行政システム上の改善案を一つひとつ実行に移すことで、徐々にトータルシステムが構築され、活動・事務の合理化が図られる。重複するシステムが削減され、徐々に仕事に余裕が生まれる。無駄な仕事が削減されることを通じて、職員が成果を肌で感じはじめるようになってきた。このような、改革、改善を日常的に取り組む、組織風土を形成することを通じて、職員の意識の変革は芽生えはじめるのである。

〔コラム⑩〕
不交付団体の財政呪縛

　本章で取り上げた、首都圏に位置する藤沢市、市原市のいずれも不交付団体で、自主財源が豊かな自治体といえる。

　「地方交付税」は、自治体の税収不足によって住民が必要な行政サービスを受けられないことがないよう、国が不足分を補う制度である。

　一方、自らの税収だけで財政運営ができる自治体は、地方交付税が交付されないことから「不交付団体」と呼ばれている。企業からの法人住民税や固定資産税の税収が多い、原発立地、企業城下町、観光地などの自治体が多く占められている。

　2007年に142団体あった不交付団体は、リーマンショック後の2008年は95団体、2010年は42団体に急減した。これを底に以後、徐々に増えてきている。2023年度は73団体（都道府県では不交付団体は東京都の1団体）に増え、その結果、交付団体は1688（道府県と市区町村の合計）団体となった。

　藤沢市や市原市のような不交付団体は、豊かな税収を活用して独自事業を展開したり、手厚い行政サービスを行う自治体が多く見られる。他方、税収が減った場合は、地方交付税による補てんがないため、その影響をもろに受けることになる。

　NHKが実施した「コロナ禍自治体に対する緊急アンケート調査（2021年3月）」によると、不交付団体も、コロナ禍の影響により、全体の8割を越える65自治体が減収する見込みと回答しいている。

　不交付団体は、コロナ禍の影響により、歳出削減として、「職員の給与カットに踏み切る」「3つの小中学校の建設事業が控えており、他の

事業の支出はかなり圧縮せざるをえない」「イベントの見直し・先送り」
「大型事業の先送り」「各種団体に対する補助金の削減」など、事務事業
の大幅なスクラップを実行せざるを得ないと回答している。

　また、「歳入が減収する見込み」として回答した、大半の自治体が、
対応策に挙げたのが、財政調整基金の取り崩しであった。最も取り崩し
額が多かったが東京都の460億円、市町村は、豊田市の87億円だった。

　調査結果から、2021年度、財政調整基金の取り崩し割合の多い自治
体は、①埼玉県和光市83.2%、②神奈川県鎌倉市79.9%、③茨城県神
栖市67.3%、④静岡県御殿場市61.6、⑤神奈川県箱根町59.8%がベス
トファイブであった。

　不交付団体は、財政の健全経営という名誉とステータス維持の呪縛か
ら、財政規律を徹底し、歳出削減、緊縮経営に舵を切る傾向にある。他
方で、自治体の中には、様々な事業を展開するため、交付団体を維持す
るために、あえて財政運営を意識している団体もある。

　現行の地方交付税制度には、基準財政収入額に関わらず、すべての地
方公共団体が一定の行政サービスを提供する財源保障機能があるため、
各団体の自治体経営改革に関する自立意欲を削いでしまうという指摘も
ある。

　今後望まれるのは、自治体が能動的に、安定的な財源の確保や適切な
歳出抑制に取り組むことであり、地方税制と地方交付税制度の抜本的な
見直しが必要となる。

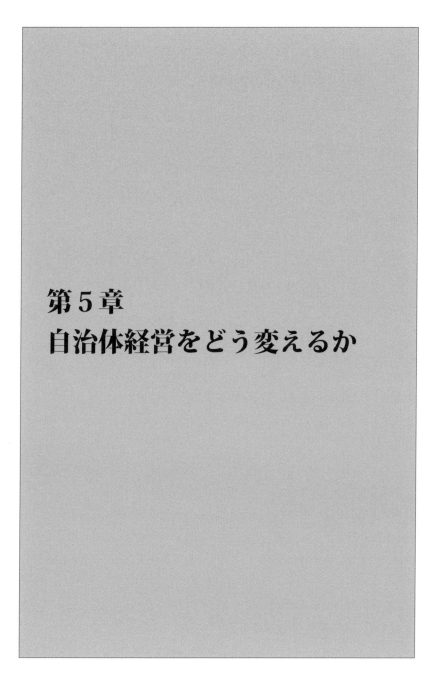

第5章
自治体経営をどう変えるか

1　地域の持続性と自治体の自立

５つの課題に挑戦

地域は、人口減少、社会関係資本の蓄積を脅かすリスク、社会インフラの老朽化、地域経済の低迷、若者が望む雇用機会の減少という、５つの課題に直面している。

危機感を共有できた自治体では、自治体運営から、自治体経営に向けて、既に様々なチャレンジが行われていることは、10の事例からも明らかである。

その対象は、平成の大合併を行った自治体、独自の道を選択した自治体、離島の自治体、中山間地域を抱える自治体、地方の中核自治体、東京圏郊外自治体など、多岐にわたる。

さらに、特色ある自治体経営や地域協働の仕組みづくりの実践についても、筆者らが当該自治体の協力を得ながら、調査研究を行った。そこで、共通するのは、これからの時代、自治体経営のあり方を実現するため、様々に見え隠れする「壁」、乗り越える「障害」に対する、果敢な改革に向けた挑戦の姿であった。

まず、危機感の表れとしての改革は、平成大合併だったといえるだろう。岩手県滝沢村は、住民自治の日本一を目指して、「村」から「市」に昇格した。自治基本条例をはじめとする様々な条例政策と条例を根拠に総合計画を中心とした個別計画群との連携、住民自治を基盤とした地域別計画。そして、自治体のガバナンス強化と内部統制による自治体経営改革のあるべき方向を示した。

２市８町が合併して誕生した、熊本県天草市は、肥大化した行政システム、個別計画、事務事業、財政規模などを、縮減するため総合計画を中心とした行政経営のトータルシステムの構築に向け、８年間にわたり、試行錯誤を繰

り返しなから、改革・改善に取組み、行政内部の合理化に成果を挙げている。

　二つ目の視点として、地方分権改革を契機に、行政による分権型社会に向けた改革である。神奈川県藤沢市は、分権改革を推進するため、地域内分権に関する条例を制定した。根拠条例に基づき「計画の分権化」「組織内分権化」「予算の分権化」による、3つの分権を実践した。地域自治組織を中心に住民自治を進展させ、地域のことは地域の住民自らが権限と責任を持って、意思決定できる自己決定権を保障したのである。

　福岡県大木町では、住民自治の基盤を強化するために、「行政区長制度」を廃止し、2ヶ年かけ住民による行政区から自治会組織に移行し、49の「自治区」をつくりあげた。併せて、自治総合計画条例に基づき、基本計画を行政経営計画と校区づくり計画による二層構造とした。自治会結成と同時に、地域の活動団体、NPO、企業などが参加し、校区づくり協議会（3つの小学校区）を設置し、校区づくり計画と活動計画を策定、地域経営の試行がはじまっている。

　三つ目の視点として、歳入不足を財政調整基金で補うことを戒め、財政健全化に向けた財政改革である。岩手県金ヶ崎町は、扶助費や社会インフラ再投資の増大を背景に、今後、さらなる財政調整基金の取り崩しが必要となる状況を踏まえ、財政規律として財政調整基金の最低残高を15億円と設定した。2022年度当初予算編成において、歳入に見合った歳出予算とすることとし、課ごとに経常経費・政策経費の削減目標を設定して、財政規律の徹底を図り、事務事業の目標縮減額案を整理した。議会における族議員の抵抗と財政逼迫を理解できない議員の歳出圧力により、首長側が一敗地にまみえたが、戦略を変えて再度挑戦を試みている。

　四つ目の視点として、地域の実情に沿った独自の手法を駆使した「政策」改革である。北海道東川町は、よそと同じはまずい（差違化の発想）、自都市の良いところを伸ばす加点主義の発想により、自分が生まれ育った地域への愛着や誇りを持ち、独自の定住住人口・交流人口の拡大政策・施策を実施することにより、人口増加を実現している。

　富山県氷見市は、交通困難地域を解消すべき、八代地区の住民協働によってNPOを設立し、過疎地有償輸送による、コミュニティバスの運行をはじめた。運行を契機に、住民の共助に対し、行政の公助を差し込むこむことにより、「私たちのバス」方式による地域交通施策基本方針を策定し、住民の協力のもと流域筋ごとに、コミュニティバスを実現している。

　宮城県栗原市は、社会経済状況の急峻な変化と市政を取りまく環境に対応する自治体経営を目指して、気候変動データを用いた、健康医療、エネルギー、農業分野、行政情報体系における地域の脆弱性に対応する計画のあり方に関する実証フィールドワークを実施し、地域のソーシャルキャピタルを高めることで、持続可能な地域づくりに取り組んでいる。

　五つ目の視点として、組織改革を推進する「核となる組織づくり」の改革である。千葉県市原市では、トータルシステムを構築するため、改革推進の核となる「政策・財政・総務部門会議（政策、財政、人事と行財政改革組織）」の設置について、関係部門と2年近く協議を行い、仕組みをつくりあげた。3部門会議は、市長を中心とする意志決定を強力に推進する役割を担い、縦割り組織を横串に刺すことで、組織の総合性を徐々に構築しつつある。

　三重県鈴鹿市では、行政経営のトータルシステム化を目指し、シーズンレビューを通じて、施策・事務事業のやり方、やることの改善を推進する庁内組織として、3課体制（企画政策課、行政経営課、財政課）を構築した。政策規律の徹底を図る政策企画課、行政評価結果の内部点検と行財政改革による内部の合理化を担う行政経営課、財政規律の徹底を図る財政課は、政策規律による施策・事務事業計画の改善を踏まえ、予算編成時の歳出監視を担うことで、政策・財政規律が組織内に徐々に浸透しはじめている。

　このような事例から、自治体経営の政策をどう変えるかについて「議会と首長との関係」「首長と組織・職員との関係」「住民と行政との関係」が、複雑に重層的に絡み合った、仕組みの糸を解していくことが重要となる。縮小時代は、住民と議会、議会と行政、住民と行政との「行政経営と地域経営」に関する係わり方について、主体性、補完性、役割分担、連携と協働の観点

から、各々の関係性をどのように築いていくかが課題となる。

　言い換えれば、分権時代に相応しい、地域からの発想による「住民・議会・行政」の関係性を再構築することである。

自治体におけるガバナンスの構築

　2000年の地方分権改革から20余年が経過し、先に述べたように、人口減少、少子高齢化が急速に進む自治体は、様々な課題に直面するスピードが早く、拡大成長期の政策や仕組み・制度が疲弊し、社会不安が起きやすいともいえる状況にある。

　自治体の現場では、「山積する課題の先送り」「自治体経営改革が浸透しない組織体質」「組織内部の合理化と体質の変革ができない組織体」の実態。他方で、「住民と行政とのパートナーシップの構築」「緊張感のある議会と行政間に政策論議」など、縮小時代における地方行政体制のあり方が論点である。

　自治体の「ガバナンス」には、２つの大きな意味がある。自治体経営の方向性をどう示していくのかという舵取りで、組織としての意思決定が、あらかじめ定められたルールなどに基づいてなされているかである。そして、内部統制である。自治体にはこれまでも、監査委員会、外部監査制度などによる「チェック体制」が整備されている。重要なのは、業務のプロセスを、整備したルール通り、組織体が正しく運用しているかである。

　つまり、「業務の効率的かつ効果的な遂行」「財務報告等の信頼性の確保」「業務に関わる法令等の遵守」「資産の保全」の４つの目的が達成されないリスク（組織目的の達成を阻害する要因）を一定の水準以下に抑えることを、業務組織に組み込み、組織内の全ての者によって遂行される内部統制プロセスの構築である。

地方議会をどう変えるべきか

　地方議会をどう変えるべきか、議員はどう変わるか、どういう議論をすべ

きかの論点である。

　議会には、4つの役割が期待されている。一つは、決定者である。自治体予算の決定や決算の認定、条例の制定や改廃、契約の締結など、議会としての意志決定の役割である。二つ目は、監視者である。予算や組織、職員を使って、様々な業務が首長を中心にして執行されている。三つ目は、住民総意を伝える提案者である。議会は住民に代わって様々な条例提案ができる。四つ目は、意見の集約者である。民意の集約というのは、議員も議会を自治の組織として不特定多数の住民との関係をどのように構築するかの考えを持つことである。

　分権改革時代の議会と議員は「チェック機関から政策立法機関」への改革が求められている。

　最近、地方を訪れると「地方創生」に関して、「本来なら議会の出番なのに議会の声が聞こえない」という指摘が、あちらこちらの住民や自治体から聞こえてくる。地域再生、地域活性化をしていくために、住民と議会との連携も含めて、どういう地域のあり方がいいのか、議員が議会で声を高め、政策論議を通じて、これからの「地域づくりのあるべき姿」を提案すべきである。

　まさに地方議会、地方議員の底力を発揮した「地域からの発想」に期待したい。

　地域限定で地域の住民に係わるローカルルールは、すなわち条例提案権を活用して、国で決めることをなるべく縮小し、地方の決定を拡大していかなければ、中央集権体制は壊れていかない。

　その観点からすれば、中央政府による画一的、普遍的な縦割り型コントロールに対して、地方が地域構造、地域特性に基づき、独自性、固有性を重視、尊重する考えを持ち、住民と議会、住民と行政との協働により自治体経営にあたっていく『ローカリズム』とも言うべき側面を有するものといえる。

　国の意思だけで、ルールが常につくられていくということを変えることができる可能性が地方議会や地方議員に秘められている。

住民と行政との協働の構築

　住民と多様な主体との協働や住民、行政との協働をどのように構築するかの論点である。

　自治体において、特に住民と行政の協働が求められるようになった理由は、国、地方を問わず財政逼迫によって、コミュニティ領域に係わる業務代行や行政サービスなど、バラマキ型の行財政運営が困難になり、多くの住民が望む政策・施策を選択し、効率的に財源を配分していかないと、自治体経営が困難な状況が生じているためで、財政逼迫は、行政による公共サービス供給を困難にし、サービス供給の担い手の多様化（公共サービス独占の解放）をもたらした。

　こうした状況が、住民や活動団体、ＮＰＯ、企業の地域社会における役割を変化させ、住民と行政の「協働」を求める背景となっている。

　縮小社会という時代背景の中で、自分達の地域の困りごとを自分達で解決し、自分達の町をよりよくし、次代へと引き継ぐには、住民と多様な主体とが、まちづくりに関わる「住民協働」に向けた仕組みをつくることが重要となる。この協働のまちづくりには、住民相互の協働と住民と行政との協働の二つがある。

　住民と多様な主体との協働は、地域住民が互いに連携を密にし、自分ごとを世の中ごとと捉え、住民同士がつながりのネットワークが幾重にも積み重なり合うことで、持続可能性を秘めた地域社会を築くことが可能となる。

　住民と行政との協働は、住民と行政のそれぞれの主体性と自発性のもと、互いの特性を尊重し、対等な立場で共通の目的を達成するために、補完性の原則により、お互いが協力するということである。このことを自治体職員一人ひとりが認識しておく必要がある。

　そして、協働、つまり住民と議会、議会と行政、住民と行政が、それぞれの役割や特性を理解するとともに、相互に尊重し、補完しあいながら、対等な立場で、それぞれの持つ力を発揮して、課題の解決に取り組むことが重要となる。

2　未来に責任を持つ自治体経営

地域・自治体の「自立と自治」

　地方分権改革以前は、国が政策を決めて、執行するのは自治体だという、全国一律の政策により、かつて中央と地方の関係があった。ところが、分権改革により、地域のことは地域で決めるという方向となり、「自己決定」「自己責任」「自己負担」の原則で、自治体を経営していくための改革が求められるようになった。

　分権改革以降、二元代表制を担う、地方議会の立ち位置、あるいは期待される役割はどう変わってきたのか、実は変わっていないのではないかと思われる節があり、地方議会、地方議員のあり方という問題が最大の焦点ではなかろうか。

　一方、自治体に権限や財源が十分に整ったといいきれないが、さらに、分権が必要である。受け皿である基礎自治体（市区町村）に権限を有効に使いこなす意欲と能力、実践力がなければ、これ以上に、権限移譲はそうは簡単には進まないであろう。

　しかし、分権改革以降、事例でも紹介したように、分権化の取組みを着実に進めてきた市町村と改革に不熱心な市町村との分権格差が広がってきことも事実である。

　住民や地域社会に直結する「政策」を担っている市町村は、『未来に責任を持つ自治体経営』が求めれている。中小規模の自治体において、地域資源を活かした、地域の実情に沿った独自の「政策」を駆使した自治体経営の取り組みが増加しつつある。他方、組織力や財政力の点で優位な条件にある都市自治体は、先進的な政策形成に実績を挙げているのも事実である。

　近年、国の政策・施策事例には、地方の中小規模の自治体による個性豊か

な独創的な事例が取り上げられるケースが多い。地方の中小規模自治体における「よそと同じまずい（差異化の発想）」価値観や「地域からの発想」に基づき、「自分が生まれ育った地域への愛着や誇り」から生まれる「政策」にまさるものはないのではなかろうか。

そして、今まで、住民と地域は、「よそと違うのはまずい」という、均質化の発想により、「我がまちに良いところを見るより、悪いところをただす、キャッチアップ」が重視されてきた。

先に述べたように、日常生活レベルにおいて住民相互の連絡など、地域的な協働活動を行い、地域社会において重要な役割を担ってきたのが自治会等の地縁組織である。これからは、自治会等と活動団体、ＮＰＯ、企業などの多様な主体が協働し、地域運営組織を創り、近隣区より広い小学校区をベースに人と人とのネットワークのもとで、地域課題を解決し、地域の持続可能性を推進するまちづくりが重要となる。

まさに「よそとは同じでない」ことこそが重要になる。そして「これまでも続けてきたサービスだから」といった発想や既得権意識を捨てさることも大切なことである。

地方分権のさらなる推進の役割を担うのは、地方の中小規模自治体の底力であり、議会・議員の意識変革、住民と行政による果敢なまちづくりへの挑戦が、「霞ヶ関」を変える「力」となる。

強力な首長の権限を活かしたガバナンス改革

自治体の統治機構は、二元代表制といわれている。二元代表制は、首長と議会の議員がともに住民の直接の選挙で選ばれるからである。国は、国会議員のみが国民の選挙により選出され、内閣総理大臣は国民から直接には選出されない（一元代表制）。この点が国のシステムとことなる。

地方自治は首長制であるので、よく言われるように、アメリカの大統領のようにトップは強力な権限を有している。

首長の強力な権限は4つある。一つは、予算編成権である。首長は予算案

を調整する権限を独占的に有しており、議会に対し予算案を提出することができる。二つには、人事権である。首長は副市長、副町長などといった、特別職の任命のほか、一般職員に対する任命権を持っている。三つには、組織編成権である。首長は、自ら所管する局、部、課、出先機関などの組織を編成する権限を有している。最後に規則制定権を有している。そして、場合によっては「専決処分」を用いて議会の議決を経ることなく、やるべきことを実行することができるのである。

　しかし、首長は人事権と予算編成権を持っているが、その権利を有効に行使している首長は、余りいないのではなかろうか。現実は、その権限を牛耳っているのは、総務、人事、財務当局の組織体である。つまり、人事にしろ、予算にしろ、首長が目にする段階では、既に全てがきまっている。こういった、組織体のやり方は、全国のどこでも似たり寄ったりの状況といえる。

　首長の要望を受け入れるのは、ほんの少しで、人事権や予算編成権は、ほとんど無いといっても過言ではない。それが行政組織の実態である。

　未来に責任を持つ自治体経営を実行するには、地域と自治体の「自立と自治」に向け、目指す自治体経営の姿と方向性を組織、職員に示し、総合的かつ計画的な政策デザインを具体化する。そのためには、組織、職員の反発、抵抗を振り払い、地域主権確立と実現のために、自治体経営の強化が重要であり、ガバナンス改革が求められる。

　そして、首長が有する人事権と予算編成権を首長のもとに、組織から取り戻すことが重要となる。

　地方分権改革のゴールは、地方自治を「住民」の手に取り戻すという真の民主主義社会の構築である。組織体における首長自らのガバナンス機能を高めるには地方分権改革を更に推進し、その権限を目指す自治体経営のために有効に使うためには、住民のためになにをすべきか、それとも既得権益のために使うのか、選択が必要である。

　ガバナンスの原点は「住民」。「住民」としての意識改革を喚起する。併せて、情報公開、住民参加、地域経営などの仕組みづくりが重要となる。

あとがき

　本書は、政策アドバイザーとして、縮小時代の「自治体経営をどう変えるか」について、首長や職員の皆さんと貴重な議論を重ね、根拠に基づく政策を提案し具体化の仕組みを現場に落とし込むプロセスを取りまとめたものである。

　そこで、良く耳にしたのが、「行政評価などの仕組みを導入したが、成果を実感できない」「行政内部の合理化に取り組んできたが、組織が動かなかった」「新たな行政経営の羅針盤を策定したが、実行の仕組みが、不十分であった」などの声であった。

　自治体は、往々にして、過去の経験やおかれた環境をもとに経営をしているが、経営資源や地域資源を再度見つめ直し、自治体の持続可能性に影響を与える脆弱性を検討しながら、未来に責任を持つ自治体経営を目指す必要がある。また、必要に応じて、政策を変えることにより自治体経営のあり方を転換する政策判断も重要となる。

　これまでは、流行の仕組みやシステムを新たに導入することや均質化の発想で政策を揃えることが「先進」自治体であるような風潮があった。いくら進んだ仕組みを導入し横並びの政策を真似ても、地域や行政のあるべき姿や行政内部の合理化、生産性向上の方向性を示すことにはならない。

　重要なのは、地域や自治体を見る価値観の転換であり、課題を先送りしない政策判断である。しかし、このようなパラダイム転換は、口で言うほどたやすいものではない。なぜなら、自治体経営のあり方に係わる住民、議員、首長、職員の価値観の転換を必要とするからである。

　地方自治体を取りまく環境は今後、一層厳しくなることが予測される。限りある経営資源（ヒト・モノ・カネ・情報）を有効に活かすために、「自治

あとがき

体経営をどう変えるか」を政策選択し、自治体経営の政策転換の実践に向かって実行することを切に願う。

　最後に、本書の出版を快くお引受けいただいた、（株）公人の友社の武内英晴社長、これまでいくつかの自治体現場において、ご助言や示唆を頂いた慶應義塾大学の玉村雅敏教授に感謝申し上げたい。

長瀬　光市

参考文献（引用文献）・出典リスト

第 1 章
・今井　照『自治体の未来はこう変わる』学陽書房、2018 年 9 月
・今井　照『地方自治体講義』ちくま新書、2017 年 2 月
・上山信一（監修）『住民幸福度に基づく都市の実力評価』時事通信、2012 年 3 月
・NIRA 研究報告書「選べる広域連携」公益財団法人総合研究開発機構、2014 年 4 月
・長瀬光市『毎日フォーラム』（株）毎日新聞社、2018 年 9 月
・玉村雅敏（編著）『自治体経営の生産性改革』公人の友社、2021 年 2 月
・玉村雅敏（監修・著）『総合計画の新潮流』公人の友社 2014 年 7 月
・武田公子『地域戦略と自治体行財政』世界思想社、2011 年 12 月
・遠藤宏一・亀井孝文『現代自治体改革論』勁草書房、2012 年 2 月
・出石　稔『条例によるまちづくり・土地利用政策』第一法規、2006 年 9 月

第 2 章
・玉村雅敏・長瀬光市・高橋武俊「エビデンスに基づく未来予測と戦略検討」『地方行政』時事通信社、2015 年 7 月 2 日
・玉村雅敏・長瀬光市・熊谷和久「総合計画から構築する自治体経営システム」『地方行政』時事通信社、2015 年 7 月 23 日）
・玉村雅敏・長瀬光市・熊谷和久「幸福感を育む地域づくりを目指す価値前提の自治体経営」『地方行政』時事通信社、2015 年 8 月 6 日
・玉村雅敏（編著）『自治体経営の生産性改革』公人の友社、2021 年 2 月
・東川町企画課（編・著）『東川町開拓 100 年記念誌』東川町、1994 年
・中村　圭「形骸化する行政評価と EBPM『根拠』で政策を改善する」週刊『Kyodo weekly』、2019 年 11 月
・玉村雅敏・小島敏明『東川スタイル』産学社、2016 年 3 月

参考文献（引用文献）・出典リスト

第3章

- 玉村雅敏・長瀬光市「総合計画を核とした自治体のトータルシステム化」『地方行政』時事通信社、2015年10月15日
- 玉村雅敏・長瀬光市「自治体のトータルシステム構築と運用」『地方行政』時事通信社、2017年3月16日
- 玉村雅敏・長瀬光市「総合計画の構築・運用を通じた総合的な行政経営システムの実現」『地方行政』時事通信社、2016年11月17日
- 玉村雅敏・長瀬光市「未来予測による自体体の脆弱性への適応策」『地方行政』時事通信社、2016年2月18日
- 玉村雅敏・長瀬光市「地域の持続可能性を高める都市空間戦略」『地方行政』時事通信社、2016年10月6日
- 玉村雅敏（編著）『自治体経営の生産性改革』公人の友社、2021年2月
- 鈴木栄之心・長瀬光市、他3名「自治会ベースの人口統計データを用いた『消滅可能性自治会』の将来モデルの開発」『地域活性研究』地域活性化学会、2015年Vol. 6

第4章

- 玉村雅敏・長瀬光市『住民行政の窓』日本加除出版、NO381
- 玉村雅敏・長瀬光市「新総合計画の策定を起点に構築する行政経営システム」『地方行政』時事通信社、2017年11月5日
- 玉村雅敏（編著）『自治体経営の生産性改革』公人の友社、2021年2月

第5章

- 佐々木信夫「地方議会はどう変えるべきか」『アカデミア』vol117
- 牛山久仁「住民協働の現在・未来」『クリエイティブ房総』第90号
- 「地方公共団体における内部統制制度の導入・実施ガイドライン」総務省、2019年

【著者略歴】

長瀬　光市（ながせ・こういち）

　慶應義塾大学学院政策・メディア研究科特任教授を経て、慶應義塾大学ＳＦＣ研究所上席所員、神奈川大学法学部非常勤講師。
　法政大学工学部建築学科卒業。藤沢市経営企画部などを経て現職。
　天草市・金ケ崎町・大木町政策アドバイザー、金ケ崎町行財政改革委員会委員長、神奈川県建築士審査会会長などを兼務。
　専門分野は自治体経営、まちづくりなど。一級建築士。

　主な著書
　『地域貢献』（公人の友社、2021 年、編著者）、『縮小時代の地域空間マネジメント』（公人の友社、2020 年、共著 ）、『人口減少時代の論点９０』（公人の友社、2019 年、共著）、『縮小社会再構築』（公人の友社、2017 年、監修）、『地域創生への挑戦』（公人の友社、2015 年、共著）、『湘南Ｃ-Ｘ物語』（有隣堂、2014 年、共著）、『人を呼び込むまちづくり』（ぎょうせい、2013 年、共著）など。

自治体経営の政策転換〔実践事例集〕

2023 年 12 月 15 日　第 1 版第 1 刷発行

著　者　　長瀬　光市

発行人　　武内　英晴

発行所　　公人の友社

　　　　　〒 112-0002　東京都文京区小石川 5-26-8

　　　　　TEL 03-3811-5701　FAX 03-3811-5795

　　　　　e-mail: info@koujinnotomo.com

　　　　　http://koujinnotomo.com/

印刷所　　モリモト印刷株式会社

ISBN978-4-87555-906-1　C3030